한국 음식명의
일본어 표기
韓国料理名の日本語表記

한국 음식명의
일본어 표기
韓国料理名の日本語表記

박혜란 지음

ビビンバ

キムチ

カルビ

한국학술정보㈜

|머리말|

　몇 년 전부터 명동이나 인사동 등지에서는 가이드북을 손에 들고 다니며 음식점 등을 드나드는 일본인 관광객이 많이 보이고 있다. 예전에는 단체 관광을 선호하던 일본인들이 이제는 개인의 관심이나 여행 목적이 세분화되어 감에 따라서 개별 관광으로 그 형태가 바뀌고 있는 것이다. 일반적으로 여행의 중요한 세 가지 요소를 관광, 쇼핑, 음식이라고 할 수 있는데, 특히 근래의 한류의 영향으로 한국을 찾는 외국인들의 여행 동기로 영화나 드라마에 등장하는 음식을 맛보고자 하는 목적을 갖고 오는 경우가 많다. 「대장금」에 등장하는 궁중요리뿐만 아니라, 떡볶이와 같은 길거리 음식까지도 맛보고 싶어 한다는 것이다. 이것은 한류의 힘과 더불어, 일본인은 음식에 대한 관심이 매우 많고 직접 요리를 하거나 미식가가 많다는 사실이 뒷받침되어 한국음식에 흥미를 느끼는 것이라고 여겨진다. 일본에서는 한 끼를 가볍게 해결하기 위해 라면을 먹는 것이 아니라 맛있는 라면을 먹기 위해서 1시간 이상씩 줄을 서서 기다리는 모습을 흔히 볼 수 있는데, 그 연장선에서 오로지 음식을 맛보기 위해 여행을 온다는 것을 이해할 수 있다. 이들에게 우리의 훌륭한 음식문화뿐만 아니라, 우리의 깊은 정신문화까지를 전파할 수 있도록 음식의 맛과 서비스에서 최선을 다해야 할 것이다.

　우리는 '관광 선진화'의 캐치프레이즈를 걸고 온 나라가 열심히 노력하고 있는 줄로 안다. 고부가가치 산업인 관광이야말로 우리나라가 힘을 쏟아야 할 산업 분야이기 때문이다. 그중에서도 한국 음식은 다양한 맛과 건강식이라는 측면에서 관광자원으로 경쟁력을 충분히 갖추고 있다고 본다. 주한 외국인들이 가장 선호하는 음식이 조사되었는데, 1~5위가 비빔밥, 불고기, 갈비, 김치, 삼계탕으로 나타났다. 또한 같은 조사에서 한국음식의 세계화의 장애로는 홍보 부족과 표준화되지 않은 맛 등이 지적되었다. 이러한 점을 정부나 음식업소에서 충분히 인식하여 우리의 전통 식문화를 보다 적극적으로 홍보할 필요가 있을 것이다.

　서구의 미식가들이 지침서로 삼고 있는 미슐랭 음식점 가이드는 108년의 역사를 갖고 있는데, 조사원들은 신분을 감추고 같은 식당을 몇 번씩 방문하면서 맛, 위생, 서비스 등을 까다롭게 평가한다고 한다. 그런데 미슐랭 가이드가 2007년 11월 아시아에서는 처음으로 도쿄판을 출간하였는데, 별 한 개 이상의 식당은 150곳이고 최고 평점인 별 3개를 받은 곳은 8곳이었다. 뉴욕의 3곳보다 앞선 것으로 일약 세계의 미식가들의 주목을 받게 되어, 이런 식당은 벌써 세계의 미식가들의 발길이 이어지고 있다고 한다. 현재 교토판을 준비 중인데, 한 음식점은 일본요리를 서양인의 관점에서 평가하는 것을 인정할 수 없다고 공개적으로 심사를 거부하여 화제가 되었다. 도쿄에서도 역시 요리의 질을 유지하기 위해서, 가이드에 소개되어 손님이 증가하는 것을 원하지 않는다는 식당이 있었다고 한다. 이처럼 일본요리에 자부심을 갖고 있는 일본은 몇 년 전부터 스시 등을 내세워 일본음식의 세계화에 성공하였다는 평가를 얻고 있다. 이것은 또한 음식과 함께 일본의 문화와 관련 산업도 함께 세계화하는 것을 의미하는 것이다.

어느 일본인이 일본의 비빔밥 전문점에서 비빔밥(ビビンバ)을 먹어 보고 그 맛에 매료되어 현지에 가서 먹어 보고 싶다고 생각하게 되었다. 서울에 와서 관광 가이드북을 보고 유명하다는 음식점을 찾았다. 그러나 그곳에는 「ビビンバ」가 없었다. 비슷한 「ビビンパプ」가 있었지만 자신이 원하던 바로 그 음식인지 알 수가 없었다. 몇 군데 다른 음식점에 가보았으나, 「ピビンパ」나 「ピビンバッ」 등 비슷한 표기가 많은 것을 보고 더욱 혼란스러웠다. 이것은 가상의 에피소드다. 그러나 이런 일이 실제 없으리라고는 확신할 수 없다. 왜냐하면 명동 지역을 중심으로 조사한 자료에 의하면 비빔밥의 일본어 표기 종류가 44가지에 이르기 때문이다. 물론 음운 체계가 서로 다른 언어를 자국어로 표기한다는 것이 쉬운 일이 아니기는 하지만 보다 근본적인 문제는 정부 관련 기관이나 음식점, 간판 제작업자의 무관심과 인식의 부족에 있는 것이다. 음식의 맛뿐만 아니라 그것을 제대로 서비스할 수 있는 전략을 세워야 할 것이다.

이 책은 그러한 문제점을 지적하고, 해결방안으로 일본어의 표기시안을 제시하고자 하였다. 이 책의 내용이 한국 음식의 일본어 표기를 표준화하여, 일본인 관광객뿐만 아니라 일본에 우리의 음식 문화를 제대로 전파할 수 있도록 하는 데 조금이나마 기여하게 되기를 바라마지 않는다.

끝으로 이 책은 박사 학위논문을 수정, 보완하여 구성한 것이며 이 기회를 빌려 논문을 지도해 주시며 격려와 힘을 주신 한미경 교수님께 깊은 감사와 존경을 표한다. 그리고 원고와 자료정리에 큰 도움을 준 김석희 선생을 비롯하여 여러 제자들에게도 감사를 전한다. 사랑하는 두 딸 유리, 주리에게는 고마움과 함께 미안함을 전하며.

2008년 여름
박 혜 란

|목 차|

I

서 론

1. 문제 제기 및 연구목적

언어는 인간의 사회생활을 가능하도록 해 주는 기본수단이며, 의사소통 상황에서 복잡하고 다양한 방식으로 문화와 결합된다. 사람들은 상호 간의 의사소통을 위해서 선택한 매체를 통하여, 언어에 의미를 부여하며, 언어는 문화적 실체를 구현한다. 언어는 그 자체가 하나의 문화적 가치를 소유하는 것으로 판단되는 기호들의 체계이며, 문화적 실체를 상징한다고 말할 수 있다. 일례로 「비빔밥」은 한국의 대표적인 건강식으로 인식되고 존재하지만, 여행사・관광객들의 그것에 대해서 이야기하고 쓰는 내용을 통해서 생생하게 존재하고, 한국의 여행시장에서 이러한 음식이 갖고 있는 탁월성을 부여받게 된다. 언어란 사람들이 생각하고 행동하는 방식과 분리된 문화와 무관한 기호가 아니고, 오히려 특히 인쇄된 형태로, 문화를 표출하고 영속화시키는 과정에서 중요한 역할을 수행한다. 더욱이 외국인과의 접촉 장면에서는 담화에 의한 의사소통이 어려울 경우, 미리 준비한 문자 형태의 언어가 상호 간의 목적을 쉽게 달성할 수 있게 하여 준다. 오늘날과 같은 국제화 시대의 환경은 외국의 문화를 접하고 그것을 받아들이는 수용 자세의 상대적 문화성을 더욱 필요로 하고 있다. 문화의 상호 교류에 있어서 언어는 의사소통의 도구 역할을 맡고 있다.

근년의 한국은, 일본의 대중문화가 개방되어 영화나 드라마를 쉽게 접할 수 있게 된 반면, 한류(韓流)의 문화현상이 생성되어 일본과 아시아 각국에서 유통, 소비되고 있다. 특히 일본의 경우는 드라마 「겨울연가」가 크게 인기를 얻으면서 본격적으로 한류가 형성되고, 한류의 확산에 따라 한국에 대한 친근감이나 관심도가 증가하여, NHK 여론조사 결과, 「겨울연가」 시청 이후 26%가 한국에 대한 이미지가 바뀌었고, 22%는 한국에 대한 흥미가 늘었다고 답변하였다.[1]

---

1) KOTRA, 『동북아 한류와 문화상품시장 동향』, 2005. 4, p.9.

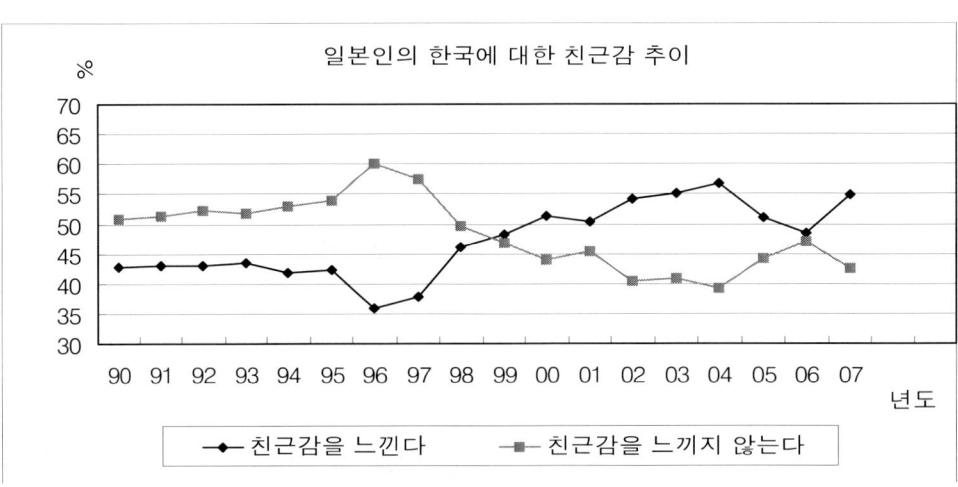

일본인의 한국에 대한 친근감 추이

친근감을 느낀다　　　■ 친근감을 느끼지 않는다

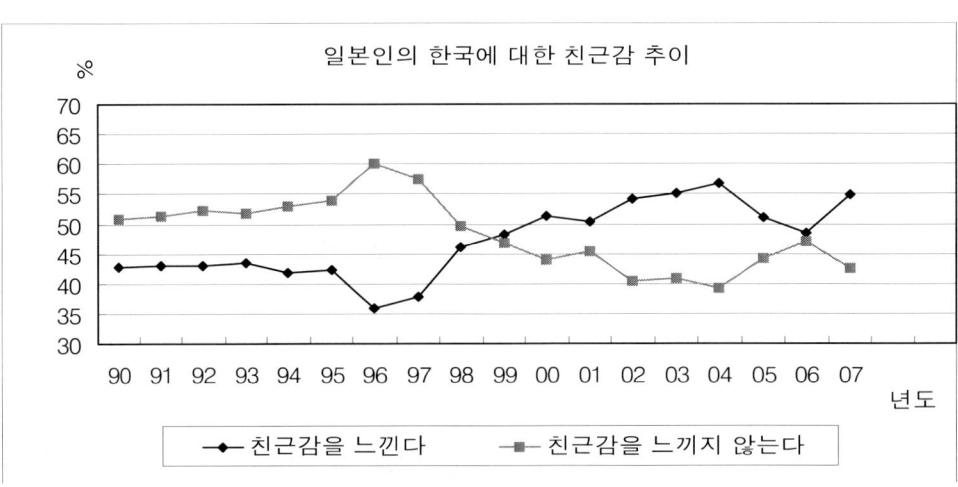

자료: "外交に關する世論調査", 일본내각부 홈페이지(http://www8.cao.go.jp/survey/index‒gai.html/), 2007. 12. 03.

위 그래프에서 일본인의 한국에 대한 친근감이 한류 붐 이후 높아지는 것을 확인할 수 있다. 「겨울연가」 이후, 한국어를 학습하고자 하는 붐이 일어났고, NHK에서는 일본어 더빙판이 아닌, 한국어판을 다시 재방송하기도 하였다. 또한 NHK는 「대장금」, 「태왕사신기」 등의 방영을 위성방송이 아닌 정규채널에서 편성하여 방송하였다.

이와 관련하여 한국산 콘텐츠에 대한 소비가 증가하여, 한류와 관련된 '파생 상품'의 구매가 활발해졌는데, 특히 관광객의 경우는 드라마와 관련된 음식을 찾아서 한국을 방문하는 경우도 많아졌다. 그중에서도 「대장금」의 방영 이후로 일본과 홍콩 등지에서는 한국의 전통음식에 대한 관심이 높아지면서 한국 궁중음식체험 코스 등이 생겨나기도 하였다. 이러한 한류의 경제적 효과를 분석해 보면, 한류와 음반・영화・방송・게임 등 이른바 문화 콘텐츠 산업 및 파생상품의 수출로 이어지는 직접효과가 있고, 한류의 영향을 받는 일반 상품의 수출과 국가 이미지 제고 및 관광수입 증가 등의 간접효과로 나눌 수 있다. 그중에서 관광부문에 미치는 경제적 효과를 살펴본다면, 2000년 이후 일본, 중국, 대만 등 주요 한류국가로부터 유입되는 관광객은 약 300만 명으로 전체 외래 관광객의 58%를 차지하며, 증가율도 30%를 상회한다. 실제 한류와 한류 판촉 활동에 대한 관광객의 수는 2004년 매분기 평균 기준으로 일본 전체 관광객 중 20.1%를 차지한다는 분석이 있다[2].

한류(韓流)가 지속될 것인가, 아니면 일시적인 유행으로 끝날 것인가에 대한 논란이

---

2) 한국관광공사, 『한류 관광마케팅의 파급효과 분석 및 향후 발전방향』, 2004. 12, p.100.

많다. 현재까지는 반(反)한류 등의 우려에도 불구하고 한류가 지역적으로는 동아시아에서 북미, 러시아 등으로 다변화되고, 콘텐츠에서는 드라마, 영화, 음악, 게임에서 음식, 화장품, 한글 등으로 다양화되고 있어, 지속 가능성이 높다고 볼 수 있다. 한류가 이와 같이 확산되고 있는 것은 바로 국내 문화콘텐츠의 높은 경쟁력 때문이다. 이는 드라마 등 문화콘텐츠에 대한 소비자의 까다로운 소비행태, 시청률 제고를 위한 공중파 방송3사의 치열한 경쟁, 풍부하고 우수한 인력, 초고속 정보통신망과 같이 발달된 통신 인프라 등 우리나라의 독특한 환경에서 비롯된 것이라 볼 수 있다.

삼성경제 연구소의 연구에 의하면 한류확산의 단계를 4단계로 구분하고 있다.

1. 대중문화 유행 단계: 드라마, 음악, 영화, 게임 등 한국의 대중문화와 한국 스타에 매료되어 열광하는 단계
2. 파생상품 구매 단계: 드라마 관광, DVD, 캐릭터 상품 등 한국 대중문화 및 한국 스타와 직접적으로 연계된 상품을 구매하는 단계
3. 한국상품 구매 단계: 전자제품, 생활용품 등 일반적인 한국상품을 구매하는 단계
4. '한국' 선호 단계: 한국의 문화, 생활양식, 한국인 등 '한국' 전반에 대해 선호하고 동경하는 단계

또한 국가별로 한류의 진행수준과 양상이 다르게 나타나는데 특히 일본, 대만, 홍콩 등은 한류관광, 캐릭터 상품, 한국음식 등 대중문화 파생상품이 크게 인기를 얻고 있다고 한다. 한류확산과 함께 한류에 대한 기업의 활용도 활발해지고 있다. 문화콘텐츠 수출은 2000년부터 2004년까지 매년 44%씩 증가하였고, 한류와 연관된 음식, 화장품, 의류, 패션, 미용 등 문화파생상품의 수출도 크게 늘어났다. 또한 일본 여행객의 한국방문이 쇄도하는가 하면, 한류스타를 CF나 이벤트에 활용하는 한류마케팅도 활발하다. 한류는 국가이미지 제고에도 크게 기여하고 있다.[3]

향후에도 한류를 지속적으로 유지·확산하기 위해서는, 우선 한류의 원천인 문화콘텐츠의 경쟁력을 한층 강화해야 한다. 또한 일방적인 한류보다는 상호 호혜적인 문화교류로 접근하여 반한류 정서에 대응해야 한다. 더불어 기업은 한류 동향에 주시하고 이를 적극적으로 활용해야 할 것이며, 국가 차원에서도 한류 전문 인력 양성, 법제도의 정비, 한류관광상품의 개발지원 등 한류 인프라 구축에 힘써야 할 것이다. 또한 한류 방한 관광객을 위한 편의시설을 지속적으로 갖추어 나가야 할 것이며, 본 연구에서는 그의 일

---

3) 삼성경제연구소, 「韓流 지속화를 위한 방안」, 2005.

환으로 외국어 표기의 정비 및 확충에 대한 필요성을 언급하고자 한다.

이들 관광객들의 평균 지출액을 적용하여 관광부문의 경제적 효과를 산출한 자료 가운데, 일본 한류 관광객의 경제적 효과만 본다면, 일본은 534,433만 달러를 지출하였다.[4] 이러한 경제효과뿐만 아니라, 한국에 대한 이미지 개선을 위해 한류를 지속시켜야 하지만, 그러나 이제까지의 한류만으로는 한계가 있다. 한류에 대한 시각 전환과 아울러 세계화 전략으로서 한국음식과 같은 고유의 문화를 한류와 접목하여 새로운 문화 콘텐츠로 재창조하는 등의 다양한 노력이 필요하다. 일부 스타들에게 반해 한글을 배우고 한국을 찾는 일본인은 더 이상 식상한 관광 코스에 만족하지 않고, 오히려 평범한 한국인의 일상모습과 전통적인 문화에 흥미를 갖는다. 이러한 한국문화의 원형에 관심 있는 외국인이 늘어날수록, 그들이 쉽게 우리 문화에 접근할 수 있는 통로를 마련해 주어야 할 것이다. 그런 점에서 관광객의 가장 기본적인 욕구인 의사소통의 문제가 해결되어야 할 것이다. 특히 시급한 과제는 간판 및 음식점 메뉴 등의 일본어 표기제공이라고 생각한다. 이것은 소통의 문제일 뿐만 아니라 우리 음식의 세계화 전략에도 도움이 될 것이다.

<Good morning Seoul>이라는 서울지역관광안내책자의 표지

(いらしゃいませ→いらっしゃいませ)

---

4) 한국관광공사, 『외래여행객 실태조사』, 2004, p.107.

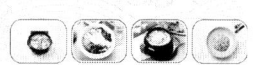

'한국 이미지 커뮤니케이션 연구원(CICI)이 한국에 체류 중인 207명의 외국인을 대상으로 실시한 설문조사에서 외국인들이 가장 선호하는 한국음식 중 1위는 비빔밥(17%)이며, 2위가 불고기(13.7%), 3위 갈비(11.5%), 4위 김치(5.6%), 5위 삼계탕(4.2%)으로 나타났다.'5)

또한 CICI가 이 같은 설문조사를 바탕으로 23일 주최한 "한국 식문화 글로벌화 토론회"에서 50여 명의 한식 관련 종사자들은 고급호텔 등 민간기업과 정부가 한식의 세계화 노력을 소홀히 하고 있는 게 보다 심각한 문제라고 비판하였다.6)

한국음식의 세계화라는 관점에서 문제가 되는 것은 맛이나 위생 등 몇 가지가 있겠지만, 한국을 찾은 외국인들에게 가장 먼저 제공되어야 할 것은 한식에 대한 정보와 그에 따른 의사소통 서비스일 것이다. 본 연구는 외국인에게 있어서 기본적이고 시급한 의사소통의 문제를 해결하기 위해서는 한국음식에 대한 외국어 표기의 제공이 중요한 해결방안이라고 생각하여 그 해결책을 모색하고자 한다. 현재 우리나라의 일본어 표기 실태는 결코 바람직하지 못한 실정이다. 이를 뒷받침하는 관련 기사를 소개하는 것으로 문제제기에 갈음하고자 한다.

〈기사 1〉
"엉터리 한자, 일본어 수두룩"7)

APEC 정상회의 등 큰 국제행사를 앞두고 있는 부산의 제 1관문인 김해국제공항 국제선 청사에 있는 주요 시설물을 안내하는 표지판에 엉터리 한자나 잘못된 일본어 표기가 많아 국제공항의 이미지에 먹칠을 하고 있다.

20일 일본어 전문가와 함께 김해공항 국제선 청사 출국장 앞의 주요시설 안내 표지판을 점검한 결과 잘못된 외국어 표기로 가득 차 있었다.

우선 흡연실(吸煙室)은 '끽연실(喫煙室. 일본어)'이나 '吸烟室(중국어)'로 고쳐 써야 한다. 일본인에게 吸煙은 '화재 등으로 사람이 독가스와 같은 연기를 마셨을 때' 쓰는 용어이기 때문이다. 환전(換錢)이란 용어도 일본인들에게는 생소해 '兩替'로 바꿔 써야 하는 것으로 지적됐다.

공항 표지판은 환전(換錢)이라는 용어만 쓰여 있는 반면 표지판 바로 뒤 은행 간판에는 일본인들에게 익숙한 '兩替'란 글자가 함께 쓰여 있어 국제공항 안내표지판을 무색하게 했다. 또 화장실(化粧室)이란 표현도 일본인에겐 생소해 'お手洗い'로 고쳐야 한다. 더욱이

5) 한국경제 2007. 10. 24.(박동휘 기자)
6) 한국 이미지 커뮤니케이션 연구원, 「한국에 체류 중인 207명의 외국인을 대상으로 한 면접조사 결과」
7) 연합뉴스 2005－01－21 오수희 기자(부산 연합뉴스).

국제선 도착장에는 檢索이라고 쓰여 있어야 할 검색이란 한자 표현이 儉索으로, 預置品이라고 써야 할 예치품의 한자표기가 豫置品으로 잘못 쓰여 있다가 한 공항이용객의 지적으로 수정되기도 했다. (이하 생략)

〈기사 2〉

"오류투성이 일본어 안내문 전국에 배포"[8]

오류투성이인 독립기념관의 일본어 안내문이 한국관광공사와 전국호텔 등을 통해 외국인들에게 배포됐던 것으로 드러났다.(본보 21일자 14면)

독립기념관은 외국인들에게 다양한 실내전시관과 시설물 등을 소개하기 위해 한국어와 같은 내용의 일본어·영어·중국어로 번역된 홍보 안내문을 사용해 왔다.

그러나 일본어 안내문은 지난해부터 한국관광공사 본점의 국내외국인을 위한 관광안내 전시관과 지역 호텔 등에도 최근까지 비치돼 있었고 모두 배포된 것으로 확인했다. 한 호텔 관계자는 "지난해 호텔에 한국어와 영어, 일본어로 된 독립기념관의 안내문 700부를 비치했고 현재는 모두 배포된 상태"라며 "배포된 일본어 안내문에 오류가 있다면 이는 국제적 망신"이라며 말했다.

시민 K 씨(37·아산시 용화동)는 "일반 관광지 안내도 아니고 온 국민이 성금을 모아 세운 독립기념관을 소개하는 안내문에 오류가 있다는 것은 큰 문제"라며 "일본어뿐만 아니라 중국어와 영어로 된 안내문, 홈페이지 등에 대해서도 확인이 필요하다."고 말했다.

독립기념관 관계자는 "안내문을 독립기념관 정문에 비치했었지만 다른 곳에 배포된 것은 없는 걸로 알고 있다."며 "오류부분에 대해서는 재발방지와 공공기관의 신뢰성 확보를 위해 외부 전문기관에 의뢰해 개선할 계획"이라고 말했다.

〈기사3〉

"중국과 일본에 뒤진 관광사업"[9]

(중략)

지난달 5년 만에 도쿄를 방문하여 지하철을 탔다. 곳곳에 중국어와 한글 안내문이 병기(倂記)되어 있었다. 가령 긴자역에는 '銀座四丁目交差点改札'이란 안내문 옆에 '긴자욘초메 교차점 개찰'이란 한글이 적혀 있었다. 주요 관광명소에도 그랬다. 콧대 높던 일본의 마인드가 달라졌다는 느낌이었다. 최근엔 요미우리 구단이 서울에 기념품 매장을 열고 이승엽을 통해 한국인 관광객을 1명이라도 더 유치하겠다는 복안이다.

일본국제관광진흥기구가 지난 9일부터 '연내 방일 한국인 200만 명을 달성하자'는 캠페인을 시작했다. 최근의 무(無)비자 정책에다 엔저(低)까지 겹쳐 목표달성 가능성은 높아 보인다.

8) 대전일보 2005-2-25일 李宗益 기자.
9) 조선데스크 2002-11-30 최홍섭 산업부 차장대우.

일본의 이런 움직임은 한·중·일(韓中日) 3국이 벌이는 외국인 방문객 유치전에서 기선을 제압하겠다는 의도로 보인다. 3국은 서로가 최대 시장이다.

문제는 올 들어 9월 말까지 방일 한국인은 157만여 명으로 작년보다 크게 늘었으나, 방한 일본인은 172만여 명으로 오히려 3.5%가 줄었다. 한류(韓流)의 약발이 떨어지고 있다.

반대로 한국을 찾은 중국인은 의미가 통하지 않는 한자 표지판에 불만이다. 화장실을 '洗手間', 승강기는 '電梯'로 표기해 주는 서비스를 바라지만 잘 안 된다. 관광 안내소에도 중국어 서비스는 제대로 지원되지 않고 있다.

(중략)

2007년 11월 아시아에서는 처음으로 미슐랭가이드 도쿄판이 출판되었는데 별 1개 이상을 받은 식당이 150곳으로 파리 64곳을 두 배 이상이나 능가하여, 일약 도쿄가 세계 음식 중심지로 떠올랐다. 이미 일본은 스시를 세계화의 전략상품으로 정하여 서구에서는 스시가 고급음식으로 대접받고 있다. 스시를 즐겨먹는 미국인만 해도 3000만 명에 이른다는 통계가 있다. 스시식당이 성공하면 재료나 식기 등 관련 산업도 성장한다. 2007년 일본의 관광통계에 의하면 일본을 찾은 71%가 일본방문목적으로 일본음식을 들고 있다. 미슐랭가이드 도쿄판의 판매로 일본의 음식은 더욱 국제경쟁력을 갖추게 되었다.

한국음식도 건강식과 미각적인 측면에서 국제경쟁력을 갖고 있다. 미국 뉴욕 등지에서 건강식으로 찾는 사람이 늘고 있다고 한다. 몇 년 전 방한한 마이클 잭슨도 호텔에서 비빔밥을 즐겨 먹어 화제가 된 적이 있다. 비빔밥뿐만 아니라 궁중음식 등을 세계적인 음식으로 인정받을 수 있도록 하는 전략을 준비하여야 한다.

최근 베트남 국영 하노이TV에서 방영하는 한국요리 프로그램의 시청자가 회당 300여만 명을 돌파하며 큰 인기를 끌고 있다고 한다. 교양프로그램 중에서 최고의 시청률을 기록하였고 방송사 측은 웹사이트를 통해 다시보기 코너도 신설하였다. 이 프로그램의 특징은 '어학과 요리의 만남'이란 독특한 구성으로 베트남 방송에서 외국요리를 소개하는 코너는 이 프로그램이 유일하다. 한류와 함께 한국음식의 국제경쟁력을 보여주는 사례이다.

한국음식의 세계화에서 맛이나 서비스에 못지않게 중요한 것은 음식메뉴의 번역 및 표기의 표준화이다. 「한식에 대한 뉴욕 식도락가들의 인식연구」라는 논문에 따르면 "뉴요커들은 한국음식은 발음하기 어려워 여러 번 들어도 기억에 남지 않는데 철자도 낯설어 메뉴 읽기가 쉽지 않다."고 밝히고 있다. 이런 점에서 한국음식을 발음하기 쉽고 올바른 번역표기의 표준화된 메뉴를 보급시키는 것이 시급하다.

예 서울 인사동의 한식당 메뉴판: 콩비지찌개(bean−curd refuse stew)

여기서 refuse는 쓰레기, 찌꺼기란 뜻으로 두부를 만들고 남은 비지의 번역이지만 음식이름에 '찌꺼기' 같은 단어는 어울리지 않는다. 또 돌솥비빔밥의 영어표기도 다음과 같이 통일되어 있지 않은 것을 볼 수 있다.

예 Dolsotbibimbap, Rice with beef and mixed vegetable in a hot pot, Rice food mixed with seasonings, Rice with Vegetables 등

서울시가 외국인관광객이나 해외홍보를 위해 제작, 배포하는 홍보물과 안내문의 영문표기를 보면, 음식점 메뉴에서 '비빔밥'과 '양념갈비'의 경우 경쟁력강화본부는 'bibimbap', 'yangmyeom-galbi'로 표기하였으나, 위생과가 만든 안내책자에는 'Rice mixed with vegetables', 'Grilled seasoned beef ribs'로 표기하였다. 물냉면의 경우는 'mul-naengmyeon', 'cold noodles' 등으로 서로 달라 혼란스럽다.

통일되고 알기 쉬운 표기야말로 국제화에 필요한 필수요소이다. 영어뿐만 아니라 근년 한류의 영향으로 일본인 관광객이 증가함에 따라서 음식점의 일본어 표기가 상당히 많아진 것을 볼 수 있다. 그러나 표기의 양에 비해서 질적인 면은 결코 바람직하지 못한 실정이다. 외국인 선호음식 1위인 비빔밥의 일본어 표기는 조사한 바에 따르면 44종에 이른다.[10] 이 책의 목적은, 한국음식의 일본어 표기 실태조사에 근거하여 오용에 대한 문제점을 파악하고 그러한 문제의 해결책을 제시하고자 한다.

한일 간의 교류가 그 어느 때보다 활발히 이루어짐에 따라, 한국을 찾는 일본인들에게 편의제공의 목적으로 행해지고 있는 일본어 표기가 어떠한 실태인가를 조사·분석하여, 어떤 원인에서 어떤 문제가 기인되는지 파악하고 그러한 문제를 어떻게 대응하여 해결할 수 있는지를 모색하고자 하는 데 있다. 또한 해결책의 제시뿐만 아니라, 관련 기관·학자·일반시민에게 표기에 관한 인식을 고양시켜 하루빨리 올바른 표기로 재정비될 수 있는 방안으로 활용할 것을 제안하고자 한다.

또한 교육적 측면에서의 연구목적을 들 수 있는데, 두 종의 고등학교 일본어 교과서[11]에서 사용한 한국음식의 표기 가운데 'プルゴギ, ピビンバプ, トッポキ' 등, 일본어 외래어 표기와 다른 것도 보였다. 마찬가지로, 일본에서 발행되고 있는 한국어 학습서[12]

---

10) 박혜란(2007) 「일본어 표기의 오용분석」, 『日語日文學研究』 제62집 1권, 한국일어일문학회, 2007. 8.

11) 양순혜, 이원복, 윤창근, 『고등학교 日本語1』, 천재교육, 2004.
  장남호, 김우열, 최영숙, 『고등학교 日本語Ⅰ』, (주)와이비엠사, 2004.

12) 李泰文, 長友英子, 『韓国語日常単語』, 池田書店, 2005.

를 살펴보면 기존의 한국 음식명 외래어 외에도 찌개(チゲ), 전(チヂミ) 등이 사용되고 있다. 그러나 삼겹살의 경우는 '三枚肉'와 'ばら肉'가 함께 표기되고 있고, 막걸리는 '濁り酒(マッコリ)'라는 대응어가 사용되어 'マッコリ'가 정착되어 가는 과정을 보여준다. 위와 같은 상황에서 음식명의 통일된 표기는 양국어의 학습자에게 있어서 큰 도움을 줄 것이다.

2. 연구방법

본서의 연구방법은 두 종류의 실태조사와 의식조사를 중심으로 이루어졌다.

실태조사의 방법은 첫 번째는 서울 지역의 간판과 음식점의 메뉴 등을 조사대상으로서 사진 촬영하여 자료를 수집한 후, 일본어 표기의 오류형태 및 유형에 관하여 분류하였다.

두 번째 조사의 방법은 첫 번째 조사에서 수집한 표기예를 일본의 인터넷 검색엔진 야후재팬에서 검색하여 그 사용빈도수를 추출하고 국내의 표기방법과 대조할 수 있도록 하였다.

조사 내용의 분석 방법으로는 먼저 일본어 표기방법의 유형을 분류하였는데, 즉 한국어의 발음을 그대로 표기한 것과 일본어로 번역한 것으로 유형을 나누어 살펴보았고, 두 번째의 분석방법으로는 음식명의 오류를 ①어휘상의 오류 ②음성·음운상의 오류 ③표기·문자의 오류 ④기타 오류로 구분하여 오류의 원인을 상세히 고찰하였다.

의식조사의 연구는, 첫 번째로, 한국에 있는 일본인을 대상으로 일본어 표기에 관한 설문조사를 하여, 한국의 일본어 표기에 대해 어떤 인식을 갖는지 객관적인 자료로 평가되도록 분석하였다.

두 번째 조사는 음식점의 주인을 대상으로 하여 일본어 표기의 방법, 표기오류의 인지 여부에 관한 설문조사를 하여 문제점의 원인을 파악하는 것을 목적으로 분석하였다.

이상의 분석에서 나온 문제를 해결하기 위하여 한일 양국의 관련 표기법을 살펴보고 마지막 결론에서 음식명의 발음 표기와 설명 표기의 시안을 제시하기로 한다.

II

일본어 표기의 실태조사

1. 조사방법

실태조사는 두 가지 방법으로 진행되었으며 첫 번째 조사는 한국의 실태조사로서, 조사 시기는 관광객의 방문이 활발할 것으로 예상되는 일본의 황금연휴가 지난 5월 초 이후의 시점을 선택하여 2005년 5월과 2006년 6월이며, 각각 약 한 달간에 걸쳐 조사하였다. 대상 지역은 일본인 관광객이 가장 많이 찾는 지역을 네 곳 정도 선정하였는데, 명동·인사동·이태원·남대문이다. 조사 대상은 외부에서 확인할 수 있는 간판과 상점 내부의 음식메뉴를 중심으로 사진을 촬영하여 자료를 확보하였다. 사진 자료를 취합하여 어휘 리스트를 작성하고, 한국어에 대응하는 일본어 표기 유형을 분석한 후, 일본어 표기를 대상으로 여러 요인으로 세분화하여 오용례를 추출하였다.

두 번째 실태조사는 일본의 인터넷에서 쓰이는 한국 음식명의 표기의 종류 및 빈도수를 검색엔진을 통하여 알아보았다.

2. 조사내용

1) 한국의 표기실태

조사내용은 음식과 관련된 것과 그 외의 것으로 나눌 수 있는데, 본장에서는 두 가지 이상의 표기가 행해진 46가지의 음식명의 표기 용례만을 다음과 같이 정리하였다. 다음의 조사된 음식명 옆 ( )안의 숫자는 음식점의 메뉴로 표기된 일본어 용례의 가짓수이다. 표 안의 숫자는 표기용례의 2회 이상의 빈도수이다.

(1) 비빔밥(44)

石焼きビビンパ	ビンバ	ビビソユ	ピピンパ	ピピンバ
ビビムバアブ	ピピンペツ	ビビンバツ	ビビンバ(8)	ビビンパ(2)
ビビンムバプ	ビビソバ	ビビンバブ	ビビンパシ	ビビバプ
ビビムバアブ	ピピンパ	ビビムバプ	ビビパ	ビビんパ
トルソッビビンバ	ビビンハ	ビビンペツ	ヒヒソハブ	ビビムバプ
石ヤキまぜごはん	ヒヒンパ	ヒヒン飯	ビビンプシ	混ぜご飯
交ぜご飯	まぜごはん	ビビっバプ	ビビンハブ	ビビンバプ
山菜ビビンパ(2)	ピピンパプ	ビビバ	ビビンパップ	ヒヒンハ
ビビんパプ	ビビンパプ	ビビソパ	まぜご飯	

(2) 삼겹살(27)

豚三段バラ	三段	サムギョサル	サンギョプサル(2)	サンキヨツサル
豚ばろ焼肉	生三枚肉	サムギョブサル	サンキヨツサル	センサンぎョル
豚ぼら焼き	三枚肉(2)	サムキョブサル	サムギョツサル	サンダンブラ
三段バラ肉	三枚	サムキュブサル	センサンギョル	サギョプサル
豚三枚肉(2)	三段バラ(2)	サムギョプサルー	サンギョウプサル	サンダンブラ
豚ばら焼き	豚バラ肉			

(3) 돌솥비빔밥(26)

石焼ビビンパ(4)	石釜の混ぜご飯	石焼ビビンバプ定食	石釜ビビンムバプ(2)
石焼ビビソバ	石鍋ビビッバプ	トルソッビビンバ	いしやきビビソパ
石鍋ビビソバ	石釜ヒヒン飯	石釜きビビンペツ	トルソッピビンペツ
石焼ビビソパ(2)	石焼きビビムバプ(2)	石焼ビビンバブ(3)	ドルソッビビムバップ
石釜ビビンハ	石鍋ビビンパ(2)	石ヤキまぜごはん	石焼ビビンパー
石釜浪ぜ飯	石焼きビビソパ	トシガマビビンメシ	トルソクピビムバプ
石鍋	石焼きビビンパ		

(4) 해물파전(18)

海物ネギブチミ	ヘムルパジョン	お好み焼き	海産チヂミ
ヘムパジョン	ヘムバショソ	海物ねぎミ	ヂヂミ
ヘムクパジョン	海産物パジョン	お好み焼き	海産物とれぎのチヂミ
海物チヂミ(3)	海産物とかつおぶしチチミ	海鮮ネギのお好み焼き	ねぎのお好み焼き
ヘムバション	海産物パジョン	海物ネギブチミ	

(5) 파전(15)

ねぎのお好み焼き	パアチオン	ジジミ	パジヨン	ハジョン
チヂミ(3)	じじみ	パジョン(2)	チチミ	チジミ
ちじみ	さちみ	ぢぢみ	チチ三	ぱジヨン

(6) 불고기(15)

焼肉(3)	やきにく	ブルコギ(7)	ブルゴギ(2)	プルゴギ(7)
ブルコキ(4)	ブルゴキ(11)	プツコギ	爐き肉	ブルコギ(7)
ブルごギ(7)	プルユギ	焼き肉	火考牛肉	プリコギ

(7) 낙지볶음(10)

たこ辛炒め(2)	たこ炒め(3)	タコ焼キ	テナガダコ炒め	ナクチボックム
テナガダコのいため	テナガダコイタメル	踊の煮詰(シチュウ)	ナクチポックム	テナガダコの炒め

(8) 갈비(10)

牛あばろ肉	カルビ(12)	骨付きカルビ	センソカルビ	ガルビ(9)
あばら骨	牛肉	排骨	カルビル	ガルビル

(9) 부대찌개(9)

ソーセージの寄せ鍋(2)	ブデチゲ	ソーセージチゲ	プデチゲ(5)	寄せ鍋
ソーセージ寄せ鍋	ブダイチゲ	ソーセージチゲ	プデッチゲ(5)	

(10) 탕수육(9)

タソスコシク(2)	タンスコンク	糖水肉	タンスュク	酢豚
すぶた	タンスウイユク	タンスコシク	タンスコツク	

(11) 김치찌개(8)

キムチチヂ	キムチチゲ	キムチッチゲ	キムチチヂ	キムチなべ
キムチグ	キムチちげ	キムチスープ		

(12) 보쌈(8)

ポシサム	ポツサム	ポッサム	ボッサム	ボサム
ポサム	ポシン	ポッサン		

Ⅱ 일본어 표기의 실태조사 ＊ 25

(13) 순두부찌개(8)

スソドウブチゲ	スンドウブチゲ	ソントゥブチイケ	スンドゥブチゲ
ソントゥフチゲ	スンドウブ	豆腐鍋	おぼろ豆腐のチゲ

(14) 떡볶이(8)

トッポッキ	とッポキ	トッポギ	トッポッキ
トッポキー	トッポッキ	トツボツキ	もちの唐辛子みそ炒め

(15) 갈비탕(8)

カルビスープ	カルビ湯	カルビタン	カルヒ湯
カルヒ湯	ガルビスープ	牛肉の辛ロスー	カレビスープ

(16) 닭도리탕(8)

鶏肉の蒸し煮	鶏鍋	タッドリタン	ニワトリタアン
ダックドリダンダ	ダクドリタン	鶏のとうからし	タックトリタン

(17) 아구찜(8)

アンコウムシ	アソコウムシ	あんこうの蒸し煮	アグチム
アンコウチム	鮟鱇チム	むしあんこう	アグチムタング

(18) 비빔냉면(7)

ビビン零面	ビビソ冷麺	ビビン冷麺	からいまぜレイーメン
ビビンれいぬん	ビビンれいめん	ピピンれいめん	

(19) 냉면(7)

冷麺	ネンミョン	ネンション	きしめん
ネソメン	れいめん	ムルネソミヨソ	

(20) 순두부(7)

スントウフ	豆腐鍋	スンドウブチゲ	スンドゥブ
おぼろどうふ	おぼろ豆腐	スントウブ	

(21) 칼국수(7)

韓國式うどん	カルグクス	カルウツワス	きしめん	手打ち麺
カルクス	カルウツワス			

(22) 커피(7)

コピー	コーヒ	コヒー	コヒ	コーヒー
ゴヒ	コーピー			

(23) 육회(7)

ユッケ	ユシケ	ヨッケ	牛肉の赤身	肉膾
韓国式牛さし	肉のなます			

(24) 두부김치(7)

豆腐キムチ	ドゥフキムチ	キムチの炒めと豆腐の盛合わせ	豆腐ギムチ
ツウフキムチ	ドゥブキムチ	トウフキムチ	

(25) 국밥(7)

クッパ	ダッパブ	クツパツ	ダッパブ	クツパッ
クシパ	クツパ			

(26) 김밥(7)

キムパプ	のりまき	キンパッ	のりまま	キンバプ
キンパブ	キンパプ			

(27) 김치볶음밥(7)

キムチ ポックムパブ	キムチピラブ	キムチ ポクムパツ	キムチ ポックンパ	キムチ ポックムブ
キムチピラフ	キムチピラワ			

(28) 해물탕(7)

海産鍋	カイセンナベ	海物湯・海産物の色々入れの鍋物	海物タン
海物湯	ヘムルタン	カイセンスープ	

(29) 감자전(6)

芋チヂミ	カムヂアヂオン	カムヂアヂオン	ジャガイモチヂミ
カムザゾン	カンジャジョン		

(30) 돈가스(6)

トンかつ	トンカッ	とんかつ	豚カツ	どんかつ	トンかつ

(31) 빈대떡(6)

ビンデトック	ピンデットツ	ビンテトック	ビンテート	チヂ三	ピンデッドツ

(32) 뚝배기 불고기(6)

トッペギ プルコギ	トッベギ爐き肉	プルゴギ	焼やき肉にく	トクパキの やきにく
トクバキの やきにく定食				

(33) 찌개(6)

なべ	チゲ	キムチ鍋	スープ	チヂ	チげ

(34) 맥주(5)

メッジュ	生ビール	ビ｜ル	ビル	びる

(35) 뚝배기(5)

トッペギ	トクパキ	トッベギ	ツツハギ	トウクペギ

(36) 알탕(5)

たまご汁	魚卵スープ	魚卵の辛鍋	たまごスープ	アルタン

(37) 육개장(5)

牛肉の辛味 スープ	ユゲジャン	ユッケジャン	ユケヅャン、 牛肉の辛ロス	ユワケジャン

(38) 설렁탕(5)

ソルロンタン	牛肉のスープ	ソルロソタソ	ソルロンスープ	ソルロンタソ

(39) 차돌박이(5)

チャドルバギ	チアドルバックガ	ケアトルパフイ	チセドルベキ	チャドルベキ

(40) 김치전(4)

キムチチヂミ	キムチパジヨン	キムチチョン	キムチブチミ

(41) 수정과(4)

スジョングァ	スジョンが	スジョングア	スジョンぐァ

(42) 떡라면(3)

もす入りうーメン	もち入りラーメン	餅入りうーメン

(43) 북어국(3)

ブゴクッ	ブックォクッ	ブコォクック

(44) 비빔국수(3)

ビビそば	ビビンククス	唐辛子みそ麵

(45) 해장국(3)

ヘジャンクック	ヘジャンクツ	ヘジャングー

(46) 호박식혜(2)

ホバクシッケ	ホバックシッケ

위의 1)~46)에서 알 수 있듯이, 표기의 유형은 첫 번째 한국어 발음만을 표기한 경우와, 두 번째로 일본어로 설명하는 표기로 크게 나눌 수 있다. 또한 문자의 오용과 음

성학적인 오용, 기타 단순 오용의 유형이 보였으며 다음 장에서 보다 자세히 세분화하여 오류분석을 행하고자 한다.

2) 일본 인터넷상의 표기실태

본서에서는 일본인이 가장 쉽게 이해할 수 있는 표기체계를 알아보기 위해 상위 랭크된 10개 음식명을 중심으로 야후재팬(http://www.yahoo.co.jp)에서 검색하였다. 2008년 7월 현재 시점의 검색임을 밝혀 둔다. 다음에 제시한 열 개의 표는 2-1의 내용 중, 상위 10개의 검색내용이며, 숫자는 검색건수를 의미한다.

또한, 파전의 표기에 나타난 'お好み焼き'와 같이 원래 그 이름을 가진 음식이 따로 존재하는 경우는, 표기의 신빙성 면에서 신뢰할 수 없으므로 검색에서 제외시켰다. 한국 내의 표기에서는 음성표기의 오류 등에 의한 표기가 많이 발견되었지만, 야후재팬의 검색 결과에서는 그러한 오류가 건수 '제로'를 보이고 있어 대부분 제외되었다. 따라서 표기형태를 도출함에 있어서 범위를 좁히는 효과를 가져올 수 있었다.

그래프는 이를 토대로 유의미한 자료를 가시화하는 데 사용하고자 한다.

단, 검색조건으로서 일본어 사이트만을 대상으로 하였으며, 모든 검색은 전방일치 검색을 하였다. 또한 인터넷 검색은 일반적으로 많이 쓰이는 표기의 실태만을 검토하는 것이며, 이를 완전한 표기의 정형으로 본다는 것을 의미하지는 않는다는 것을 밝혀 두는 바이다.

(1) 비빔밥 (19)

ビビンバ 3,730,000	混ぜご飯 990,000	ビビンパ 501,000	ピビンバ 205,000	ピビンパ 135,000
ビビンパプ 27,800	ピビンパプ 11,000	山菜ビビンパ 9,060	ビビンパップ 1,630	ピピンパ 1,600
ビビンバプ 1,500	ビビンバプ 775	ビビムパプ 727	ビビんパプ 472	ビビムバプ 107
ビビパ 49	ビビンハ 42	ビビンバツ 10	ビビパプ 6	

비빔밥의 표기에 있어서, 'ン'을 'ソ'로 표기하는 등의 기초적인 오류는 야후 검색을

통하여 모두 걸러졌다. 검색건수가 0인 오용례는 표에서 제외시켰다. 검색건수가 10,000
건 이상인 용례를 그래프로 나타내면 다음과 같다.

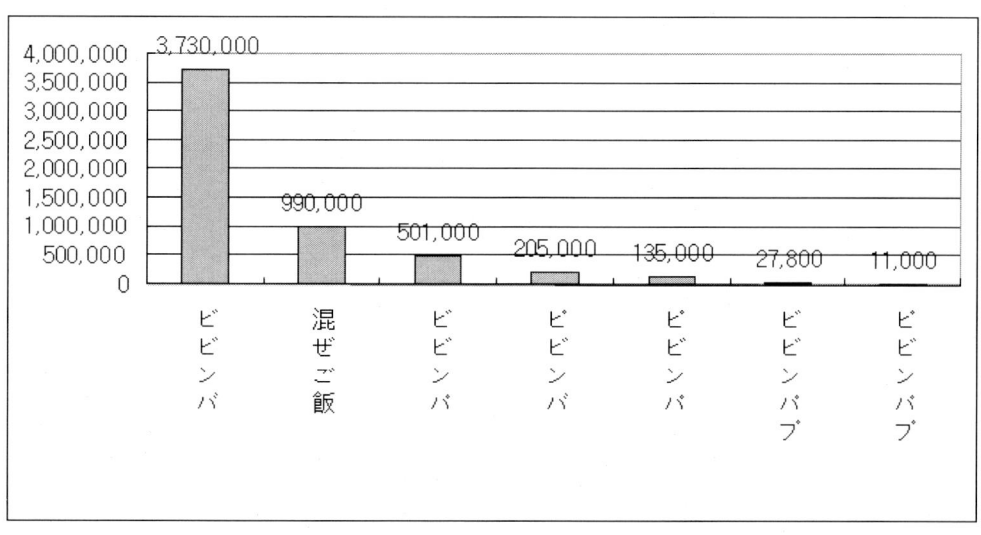

　위의 그래프에서 알 수 있는 것은 '비빔밥'의 경우, 정착유형이며 발음표기인 'ビビン
バ'가 300만 건을 넘기는 압도적인 비율을 보였다. 한국의 조사내용에서 ビビンバ의 예
가 가장 많은 것과 일치한다. 두 번째로 많았던 '混ぜご飯'은 99만 건으로 비정착 유형
이지만, 비교적 많은 경우에 사용되었으며, 의미표기로서는 가장 높은 비율을 보이고 있
다. 본서에서는 음식명의 발음표기와 의미표기를 동시에 고찰하고자 하는바, 유의미한
결과로 판단된다. 다만 '混ぜご飯'은 일본의 요리명이기도 하므로 비빔밥을 표현하기
위해서는 '韓国風' 또는 '辛味' 등의 부가적인 설명이 필요한 표기이다.

(2) 삼겹살(4)

サムギョプサル	三段バラ	サンギョプサル	三段バラ肉	豚バラ肉
413,000	78,800	44,300	39,100	(제외)
豚三枚肉 (제외)	三枚肉 (제외)	三枚(제외)	三段(제외)	生三枚肉 (제외)

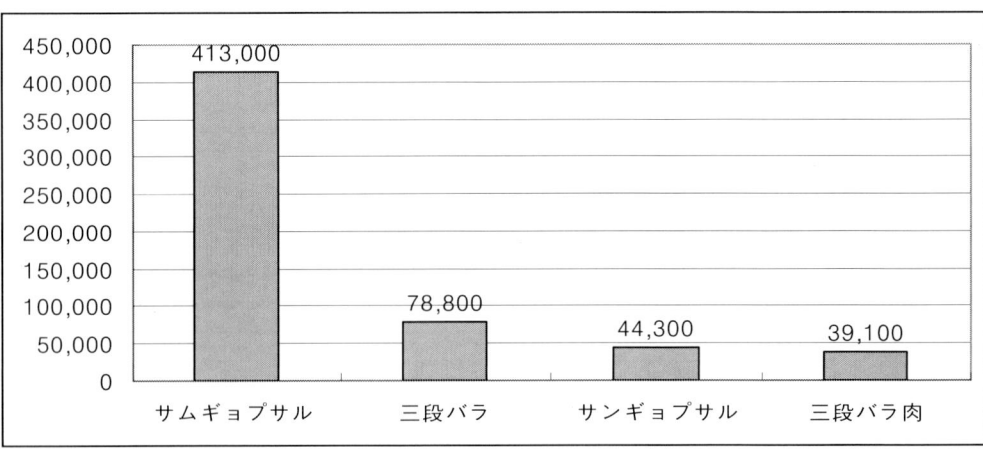

삼겹살의 경우, 발음 표기로는 '사ムギョプサル'가 80,000건을 넘어 가장 높은 비율을 보였다. 단, 이 검색에서는 오키나와 요리명을 차용한 '三枚'와 三段バラ의 축약으로 보이는 '三段'의 경우, 관련 없는 자료가 나올 확률이 높은 것으로 판단되어 검색에서 제외시켰다. (三枚肉의 경우는 실제로 15만 건을 상회하는 높은 비율을 보였다.) 또한 '豚バラ肉'도 요리명이 아닌 고기의 부위를 나타내는 단어이므로 제외시켰다. 향후 サムギョプサル의 정착화가 예상되는 수치로 보인다.

(3) 돌솥비빔밥(9)

石焼ビビンパ 163,000	石焼きビビンパ 64,000	石鍋ビビンパ 6,640	石焼ビビンパブ定食 295
トルソッビビンバ 159	石焼ビビンバブ 71	石焼ビビソバ 65	石焼きビビムバプ 22
石焼ビビンパー 19	石鍋(제외)		

이 중에 검색건수가 100건이 넘은 용례를 그래프로 나타내면 다음과 같다.

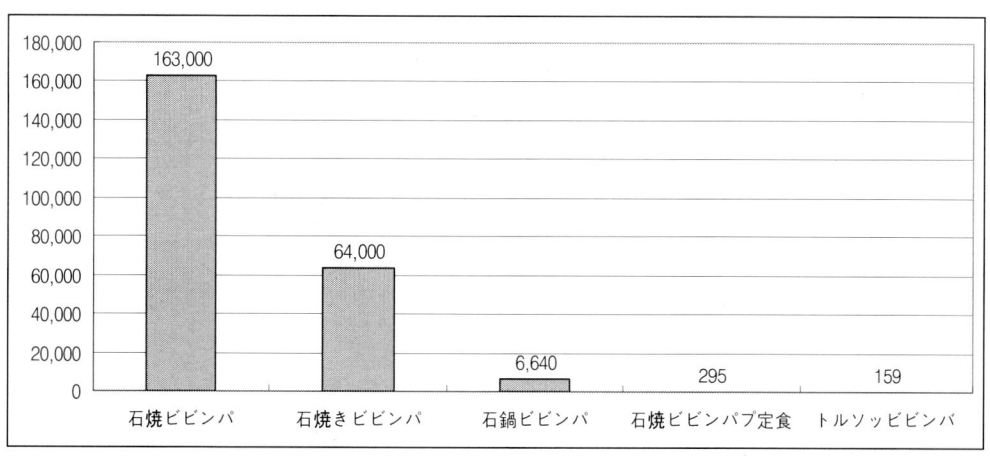

돌솥 비빔밥의 경우, '돌솥'과 '비빔밥'의 합성이므로, 어느 한쪽만을 나타내는 표기는 바람직하지 않은 것으로 판단하였다. 石鍋의 경우, 검색 엔진을 가동한 결과 실제로는 186천 건이 검색되었지만, 첫 번째 페이지부터 돌로 만든 솥 자체를 의미하는 검색이 대부분이었으므로 검색 결과에서 제외시켰다. '돌솥' 쪽은 돌솥 자체를 의미하는 '石鍋' 보다는 용기의 재질과 요리법을 의미하는 '石焼き' 쪽이 널리 쓰이고 있는 것을 알 수 있었다. '비빔밥' 쪽은, 정착유형인 'ビビンパ'가 널리 쓰이고 있는 데 비해 돌솥비빔밥의 경우는 ビビンパ의 형태로 '石焼きビビンパ'와 '石焼ビビンパ'가 16,100건과 16,600 건으로 거의 같은 비율을 기록하고 있다. 어느 쪽도 일본어로 읽을 경우 동일한 발음과 음절을 갖는다. 다만, '石焼き'와 '石焼'의 글자 표기가 다를 뿐인데, 히라가나를 한자 쪽에 포함시켜 간단한 표기를 유지하는 쪽이 좀 더 높은 비율을 나타내고 있다는 점이 특기할 만하다.

(4) 해물파전(4)

海物チヂミ	ヘムルパジョン	海産物パジョン	海産チヂミ
156,000	5,340	1,720	1,640

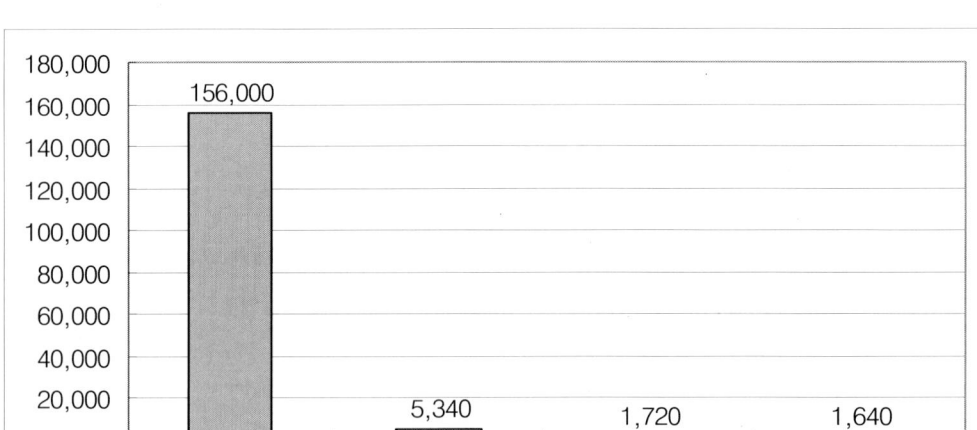

우선, 압도적으로 높은 비율을 보인 것은 39,900건을 기록한 '海物チヂミ'이다. 해산물을 의미하는 한국어 '해물'의 한자표기와 부침개의 정착유형인 'チヂミ'가 사용되었다. 일본어에서는 '海産'이라는 한자어가 해물을 의미하는데, 한국어 표기를 그대로 살리는 유형이 채택되고 있는 것을 볼 수 있다. 한국의 음식점에서 번역형태로 표기되는 'お好み焼き'의 경우는 일본의 고유 음식이므로 검색 대상에서 제외시켰다.

(5) 파전(8)

チヂミ 2,530,000	チジミ 289,000	パジョン 141,000	ちじみ 60,400	じじみ 16,100
チチミ 1,610	ジジミ 1,070	ぢぢみ 100	ねぎのお好み焼き (제외)	

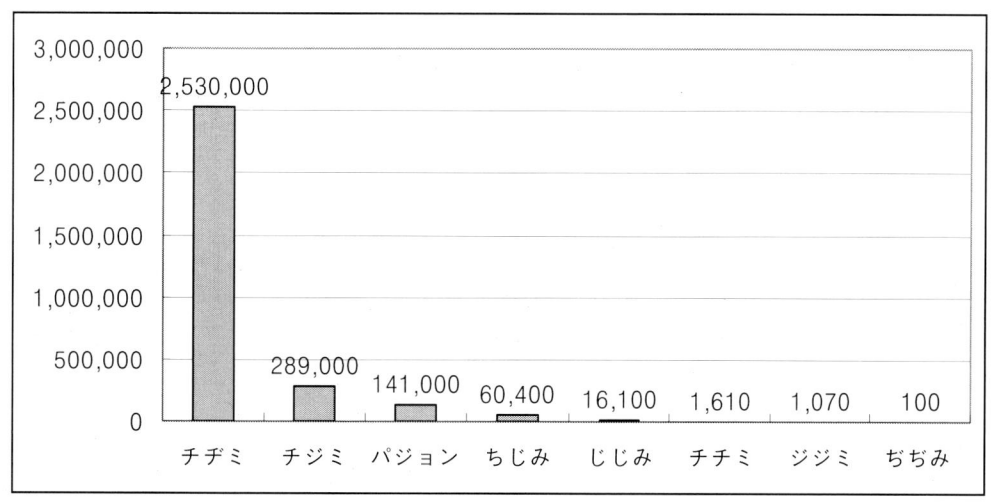

파전의 경우는, 'チヂミ'가 대부분을 차지했다. 유사유형인 'チジミ'도 상당수를 차지했지만, 정착유형인 'チヂミ'에는 비교가 되지 않았다. 부침개는 한국어로 지지미라고도 하는데 1음절과 2음절이 같은 글자로 표기되지만, 일본어 표기의 정착유형에서는 첫 번째 음절 표기는 청음으로, 두 번째 음절 표기는 탁음으로 하고 있는 점에 주목하고자 한다. 즉 한글표기가 기준이 아니라 실제 발음을 표기한 것이다.

(6) 불고기(8)

プルコギ 1,430,000	プルコギ 69,200	プルゴギ 20,200	プルゴギ 10,100	プルゴキ 900
プリコギ 225	ブルコキ 123	プルユギ 8		
焼肉(제외)	やきにく(제외)	焼き肉(제외)	火考牛肉(제외)	

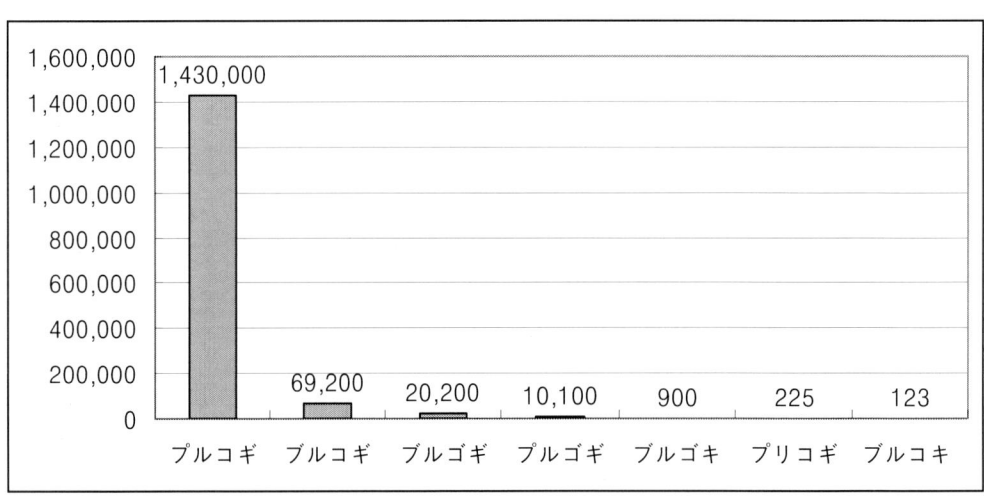

불고기의 경우는, 정착유형으로서 '프루고기'로 표기되는 경우가 대부분이다. 이 표기에서는 발음보다는 '불고기'라는 한글을 그대로 표기한 것으로 보이며 발음대로 한다면 '프루고기'가 더 가까운 표기라고 할 수 있겠다. 100만 건을 넘은 검색결과로서 '焼肉'가 있었지만, 이것은 일본식으로 불에 구워 먹는 고기를 의미하기 때문에 양념을 한 한국식 불고기를 의미하는 것으로 보기 어려우며 또한 검색결과가 대부분 일본식 구운 고기를 의미하였으므로 검색에서 제외시켰다.(불고기를 의미하는 경우에도 韓国風の라는 설명이 붙어 있었다.)

불고기의 표기에서 주목할 만한 것은 'ㅂ'이 어두에 올 때, 반탁음으로 표기되고 있으나, 어말에 오는 '기'가 탁음으로 표기되고 있다는 점이다. 즉 한국어의 평음이 어두에 올 때는 격음 또는 경음화되어 표기되고, 2음절 이후에 올 때는 탁음화되어 표기된다는 사실이다.

(7) 낙지볶음(5)

ナクチポックム 1,490	ナクチボックム 1,120	たこ炒め 886	テナガダコの炒め 675
テナガダコ炒め 601	タコ焼キ(제외)		

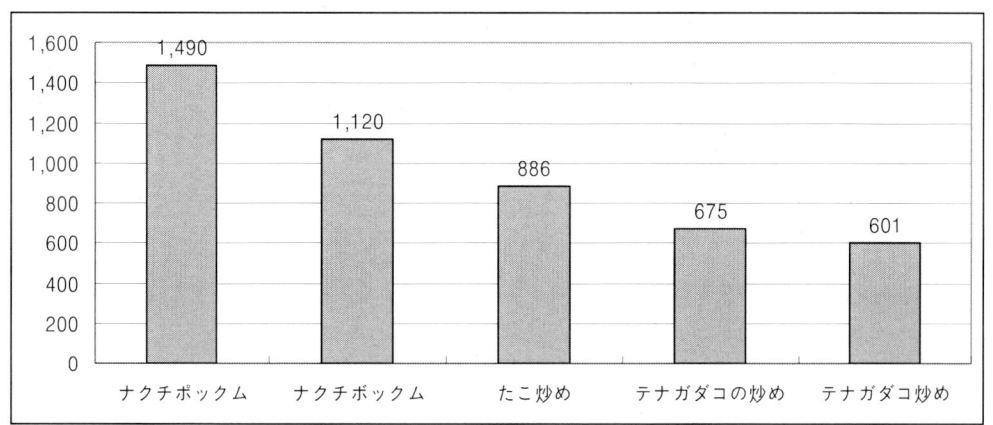

낙지볶음의 경우는 의미 표기로는 'たこ炒め'가, 발음표기로는 'ナクチボックム'이 가장 많았고, 의미표기보다는 한국어를 소리 나는 대로 발음표기한 쪽이 널리 쓰임을 알 수 있다. 일본에서는 낙지가 일반적으로 널리 알려진 해산물이 아니라는 점도 원인으로 작용한 것이라 판단된다.

낙지볶음의 표기에서 주목되는 점은 'ㄱ'과 'ㄲ'받침의 표기이다. '낙지'의 경우에는 기역받침을 'ク'로 독립시키고 있는 데 비하여 볶음의 쌍기역 받침은 촉음화시키면서 동시에 기역을 연음화시키는 표기를 사용하고 있다.

'たこ焼き'는 검색범위에서 제외시켰다.

(8) 갈비(4)

カルビ 9,900,000	骨付きカルビ 683,000	あばら骨 443,000	ガルビ 8,330
牛肉(제외)	排骨(제외)		

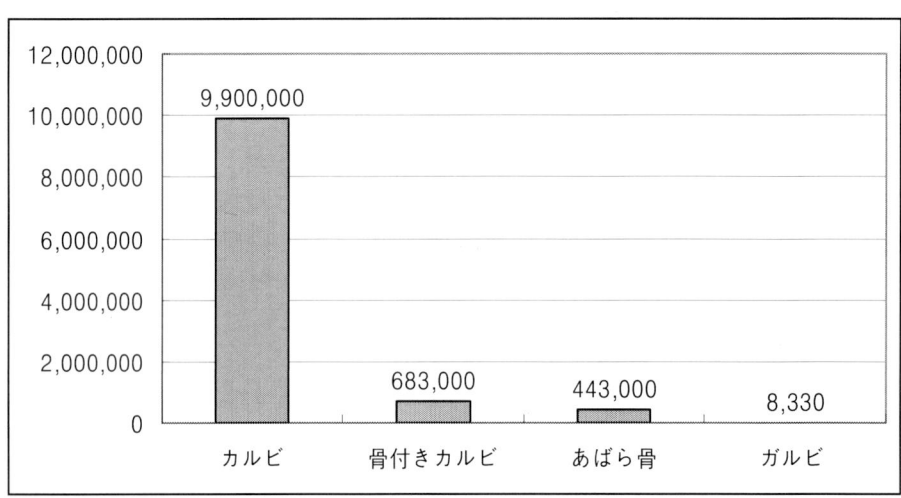

대표적인 정착유형인 갈비는 역시 'カルビ'의 형태로 가장 많이 통용되는 표기였다. 'カルビ' 외에도 骨付きカルビ, あばら骨의 표기가 검색되는 것은 음식 재료에 뼈가 붙었다는 것을 강조하는 표기방법일 것이다.

(9) 부대찌개(5)

ブデチゲ 82,700	ソーセージ寄せ鍋 64,500	ブデチゲ 57,700
ソーセージチゲ 43	ブデッチゲ 22	寄せ鍋(제외)

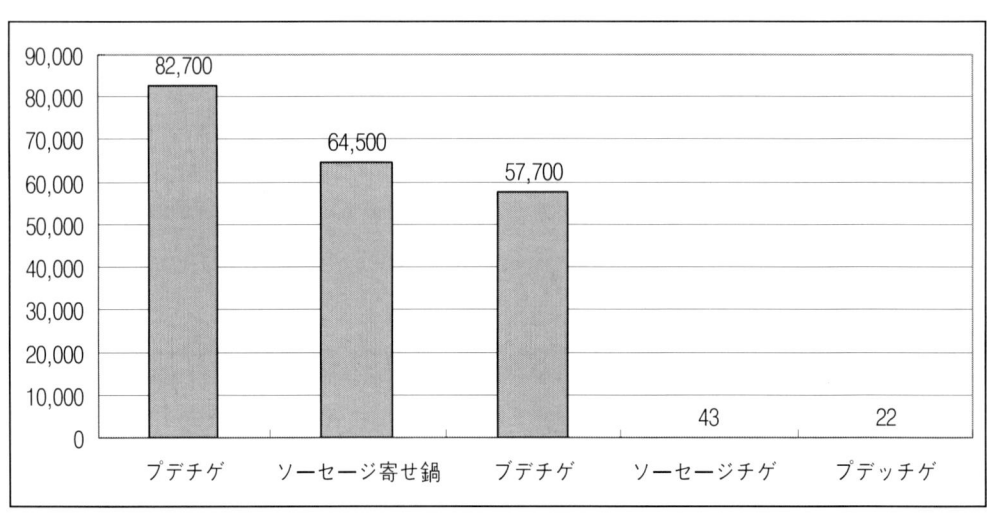

부대찌개의 경우는, 상위에 랭크된 3가지 표기 중 두 가지가 발음표기이며, 이 중 'ブデチゲ'보다는 'プデチゲ' 쪽이 50퍼센트 이상 많았다. 앞의 불고기의 경우와 마찬가지로 첫 번째 음절의 경우 반탁음표기가 더 보편적으로 사용되는 것을 보여준다.

의미표기로는 'ソーセージ寄せ鍋'가 가장 많았으나 'ソーセージ'와 '寄せ鍋'가 따로 떨어져 쓰인 경우에도 검색이 되어 한국음식 부대찌개의 검색 빈도수라고는 볼 수 없다.

(10) 탕수육(4)

酢豚 2,680,000	すぶた 87,100	糖水肉 60

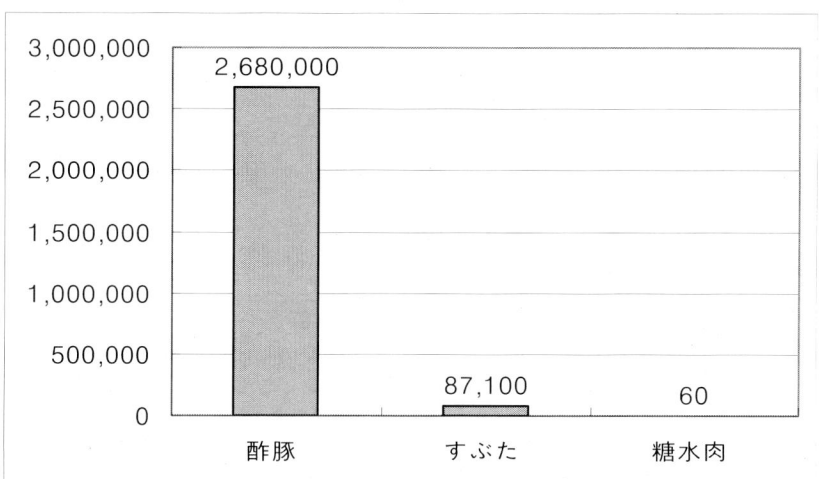

탕수육의 경우는 중국요리이기 때문에 일본의 중국 식당에서 실제로 사용하고 있는 'すぶた'의 한자표기 '酢豚'가 압도적이다. 의미표기가 더 강세를 보이는 경우라 하겠다.

야후재팬 검색엔진을 통한 검색은, 경우에 따라서 100만 건을 넘는 검색결과도 있어 일일이 검토하기 어렵다는 단점이 있었으나, 검색 수가 적은 경우에는 확인 가능한 범위 안에서 일일이 용례를 확인하는 방식을 택하였다. 이중표기(ユレ)를 허용하지 않는 전방일치 검색법을 사용하였으므로 실제로 어느 정도 통용이 되고 있는가 하는 측면에서는 타당성 있는 결과를 얻을 수 있었다.

인터넷 검색엔진 실태조사를 통하여 다음과 같은 결과를 도출할 수 있었다.

1. 일본어 사전에 수록된 정착유형의 경우, 'ビビンバ', 'チヂミ', 'カルビ' 등과 같이

압도적인 빈도수를 보인다.

2. 정착유형은 물론 비정착유형의 경우라 하더라도, 가능한 한 한국어 발음을 그대로 살리는 발음표기 쪽이 통용되고 있다.

3. 한글받침을 가능한 한 표기하고 있는데, 한국어 발음을 충실히 따른다는 전체적 흐름과 상통한다. 일본어가 개음절어이므로 모음음절을 추가하는 방법으로 표기하고 있다.

4. 'ㄱ'의 경우는 어두에 올 때 청음 か행을 사용하고, 2음절 이후에 올 때는 주로 탁음인 が행을 사용한다.

5. 'ㅂ'의 경우는 비빔밥(ビビンバ)과 같이 어두에 오는 경우에도 어말에 오는 경우에도 모두 탁음인 ば행을 사용한 표기법이 통용된다.

6. 의미표기의 경우에도 '海物'과 같이 한국식 한자어를 차용하는 표기가 널리 사용되고 있다.

이와 같은 검색결과를 참고로 하여 결론에서는 일본인들에게 보다 쉽게 인지되는 표기를 제시하고자 한다.

조사된 10개의 음식명 표기에서 검색건수가 가장 많은 표기를 제시하면 다음과 같다.

한국음식명	일본의 인터넷상의 표기
비빔밥	ビビンバ
삼겹살	サムギョプサル
돌솥비빔밥	石焼ビビンパ
해물파전	海物チヂミ
파전	チヂミ
불고기	プルコギ
낙지볶음	ナクチポックム
갈비	カルビ
부대찌개	プデチゲ
탕수육	酢豚

III

실태조사 분석

1. 일본어 표기 방법의 유형 분류

　음식명을 일본어로 표기한 자료에서 가장 먼저 알아보고자 했던 것은, 우리말을 일본어로 어떻게 표기했는가 하는 점과 내용에 관한 설명이 이루어졌는가 하는 점이었다. 그런 점에서 우선 표기의 방법을 첫째, 한국어 발음만을 표기한 경우와 두 번째, 일본어로 번역하여 표기한 경우(기타 외래어 포함)의 두 가지 유형으로 분류하여 살펴보고자 한다. 위의 조사내용을 간단히 분류하면 다음과 같다.

① 비빔밥(44)

　　발음-5　　번역·기타-39(まぜご飯5)

② 삼겹살(27)

　　발음-13　　번역·기타-14(三段ばら5, ばら4, 三枚4, 三段1)

③ 돌솥비빔밥(26)

　　발음-4　　번역·기타-22(石焼9, 石釜6, 石鍋4)

④ 해물파전(16)

　　발음-5　　번역·기타-11(海物4, 海産物4, 海鮮1)

⑤ 파전(15)

　　발음-5　　번역·기타-11(チヂミ9)

⑥ 불고기(15)

　　발음-10　　번역·기타-5(焼肉5)

⑦ 낙지볶음(10)

　　발음-2　　번역·기타-8(テナガダコの炒め4, たこ炒め2)

⑧ 갈비(10)

　　발음-5　　번역·기타-5

⑨ 부대찌개(9)

　　발음-4　　번역·기타-5

⑩ 탕수육(9)

　　발음-6　　번역·기타-3

　불고기를 제외한 다른 음식명은 발음표기보다는 번역표기한 경우가 많은 것을 알 수 있다. 그러나 여기서 문제인 것은 대부분의 업소에서 불고기를 발음으로 표기했다고 하여도 그 종류가 9가지나 되어 일본인의 입장에서 이것이 과연 같은 음식명인지 다른 음식명인지 혼란스러운 점이다.

1) 한국어 발음을 표기한 경우

　명동의 음식점에서 식단표를 일본어로 표기한 가운데, 'タンスユック'와 같이 한국어 발음으로 표기하고 있는 경우, 가장 큰 문제점은 일본어로 읽었을 때 도저히 일본인이 그 음식을 이해할 수 없는 것이 대부분이라는 점이다. 'ビビンパ(비빔밥)'나 'ブルゴキ(불고기)'의 경우는 이미 일본 내에서도 통용되고 있는 정착유형인 만큼 문제될 것이 없으나 탕수육과 같은 음식도 한국어식 발음으로만 표기되어 있어 한국 경험이 없는 일본인에게는 의미 전달이 되지 않는 실정이다.

　일본어와 한국어의 발음구조나 표기상의 근본적인 차이와, 통일되거나 또는 표준으로 제시되었지만 보급되지 않는 등 여러 가지 문제점을 근저에 깔고 있는 한국어식 발음표기의 실태는, 일본인 관광객이 많은 우리나라의 실정에서 심각한 지경이라 할 수 있다. 이 항목에서는 먼저 일본에서도 통용되는 한국 음식이름과 한국어식 발음으로 표기하는 경우 외국인은 알 수 없는 음식이름으로 나누어 분석하고자 한다. 이 책에서는 편의상 전자를 약하여 '정착유형'으로, 후자를 약하여 '비정착유형'으로 칭하기로 한다.

(1) 정착유형(일본의 외래어로 정착된 유형)

　우선, '정착유형', 즉 일본에서도 통용되는 한국 음식이름에 대해 살펴보기로 하겠다. 예를 들면 비빔밥, 불고기, 갈비, 김치찌개, 떡볶이 등이 실질적으로 이에 속한다.

　이 중 떡볶이는 이른바 한류 붐을 형성하기 시작한 겨울연가(冬のソナタ)에 주인공들이 좋아하는 음식으로 등장하면서 일본인 사이에 널리 알려지기 시작하고, 매운 음식이 건강에 좋다는 방송이 공중파를 타면서, 그 붐을 타고 유명해져 일본의 식당에서는 아직 쉽게 발견할 수 없지만, 최근에는 한국을 방문하는 관광객들이 많이 찾는 음식이 되

었다. 다음 두 예문은 실제로 일본인이 어느 한국인에게 보낸 이메일의 일부이다.

예문①

いよいよ今週末にそちらに行きます。寒いですか?

　私は年末の仕事を終わらせるために、忙しい毎日でなかなか連絡ができなく申し訳ありません。とりあえずそちらに行っているときに、日本からの連絡がつくように宿舎の名前と連絡先を教えてください。

　また、私たちの滞在中ですが、行きたいところと食べたいものを下に書きました。

　ある程度は自分たちで行動できますので、皆さんは時間の許す限りお付き合いいただければ結構です。あくまでも希望ですので、お勧めのものがありましたらそれでも結構です。

　日本でそちらに買っていくものがありましたら、遠慮なく申してください。

　特に娘さんが気に入っているもので、日本にしかないものは買って行きます。

　「しそ」の種は難しいですが……。

行きたいところ→明洞、東大門、南大門、水原、

※食べたいもの→昼、地元の人が食べるおいしい石焼ビビンバ、

　　　　　　　夜、豚三段バラ

　　　　　　　昼、冷麺

　　　　　　　夜、カルビ

　　　　　　　昼、トッポギ

それではお目にかかれることを樂しみにしています。

※번역: 먹고 싶은 것→낮, ㄱ 지역 사람이 먹는 맛있는 돌솥비빔밥

　　　　　밤, 삼겹살

　　　　　낮, 냉면

　　　　　밤, 갈비

　　　　　낮, 떡볶이

예문②

「東大門いきの切符をください」「いってきます!」「いってらっしゃい!」「ようこそ!」「いらっしゃい!」「おじゃまします!」「窓」「花」「皿」「食卓」「テレビ」「ソファ」「テーブル」「イス」

III

실태조사　분석

＊

45

「コップ」「おじいちゃん」「おばあちゃん」「お母さん」「お父さん」「お姉ちゃん」「お兄ちゃん」(←男女で違う呼び方を2つずつ)「弟」「妹」「ぼくの家族を紹介するよ」「はじめまして！」「よろしくお願いします！」「キムチ」「ナムル」※**「ビビンバ」**「サムゲタン」**「プルコギ」**「チヂミ」「ユッケ」「チゲ」「焼肉」「冷麺」「さしみ」**「トッポギ」**「ホットク」の<u>韓国語の表記を教えてください。</u>

　※ 번역: 비빔밥, 삼계탕, 불고기, 빈대떡, 육회, 찌개, 야끼니꾸, 냉면, 회, 떡볶이, 호떡의 한국어 표기를 알려주세요.

위의 예문 중 두 번째 예문은 일본의 출판관계자가 한국인 감수자에게 보낸 이메일 중 일부이고, 이 이메일에 관계된 한국어 책은 2007년 2월 현재, 「韓国のことば」라는 제목으로 일본의 서점가에 출시되어 있다.

예문 ①과 예문 ②를 쓴 송신자 두 사람은 서로 모르는 관계에 있으며 사는 곳도 大阪와 東京으로 떨어져 있다. 종사하는 직종은 각각 대학교수와 출판사의 편집자이며, 위의 예문의 제공자는 필자의 지인 두 사람이다.

위의 두 예문에 표기된 떡볶이의 표기가 같은 것을 볼 수 있다. 이것은 이미 일본 내에서 떡볶이의 표기가 정착된 단계임을 나타낸다.

그런데 정작 한국에서는 약간의 성의만 있다면 일본에서 어떤 식으로 쓰이고 있을지 알 수 있음에도 불구하고, 예문의 두 사람이 제시한 많은 음식이름 중 '정착유형'에 해당하는 표기조차도 중구난방으로 다양한 형태를 취하고 있다. 다음은 그 예이다. 본 항에서는 한국어식 표기 부분만을 다루고자 한다.

단, 많은 일본인들이 인지하고 있다 하더라도 어떠한 것을 '정착유형'으로 볼 것인가 하는 면에서는 이견이 있을 수 있으므로, 이 책에서는 『広辞苑(제5판)』[13]에 실린 외래어만을 정착유형으로 다루고자 한다. 그러나 상술한 바와 같이 아직 사전에는 실리지 않았으나 이미 정착되어 가는 음식명이 많다는 것은 앞으로 많은 음식명이 정착유형으로 변할 가능성을 보여주고 있다.

　예 **냉면(れめ)・냉면(れいめん)**: 일본 사전 広辞苑을 살펴보면 **冷麺(れいめん)**: **조선요리의 일종**이라고 소개되어 있는 것에서 알 수 있듯이 れめ에서 れいめん으로 고쳐져야 한다.

---

13) 『広辞苑』第五版, 岩波書店, 1998.

이러한 결과로 보았을 때 ビビン冷麺은 순수하게 한국식 발음대로 표기한 것이 아니라 한국식 ビビン(비빔), 정착화된 일본식 冷麺(냉면: れいめん) 발음이 혼용되어 쓰이고 있음을 알 수 있다.

조사내용에서 보이는 표기 중에는 カタカナ 표기의 오류가 적지 않다. 여기서 오류란 발음 표기상의 의견 차이가 아니라, 예를 들면, 'ゲ'를 'グ'로 표기한다든지(キムチチゲ → キムチチグ), 'ン'과 'ソ'를 바꾸어 쓴다든지(ビビソパ), ひらがな와 カタカナ를 같은 단어 안에 표기한다든지(ビビっバプ, ビビんパプ) 하는 일본어 기초 학습자가 범하기 쉬운 실수를 그대로 재현해 보이고 있는 상황을 의미한다.

'ブルゴギ'의 경우에도 'ブルユキ'라고 표기(ゴ→ユ)한 것을 볼 수 있다. 촉음 'っ'를 'つ'로 표기한 경우 등 그 유형을 나누기 어려울 정도로 다양한 양상을 보이고 있다.

(2) 비정착유형(한국어 발음대로 표기한 유형)

삼겹살, 돌솥 비빔밥, 해물파전, 낙지볶음, 탕수육 등 일본어로 번역하지 않으면 그 발음표기만으로는 이해할 수 없는 음식도 그대로 한국어식 표기를 하고 있다.

'サンキョプサル', 'サンキヨツサル', 심지어 'センサンぎょる'도 있다. 한국어 표기를 자의적으로 한 것은 차치하고 요음을 크게 표기하거나 가타카나와 히라가나를 같이 표기, 또 생삼겹살이라는 말의 '생'을 'セン'으로 표기하거나, 'センサンギョル'와 같이 단어자체가 변형 또는 탈자되어 알아보기 어려운 경우가 있다.

'ナクチポックム' 같은 경우는 한국어를 모르는 일본인에게는 요리의 내용을 알 수 없고, 탕수육의 경우, 'タンスコシク'(더구나 그도 コ로 표기되어 있음)라는 식으로 표기되어 역시 내용을 알기 어렵다. 용례별로 더 자세히 살펴보고자 한다.

① 비빔냉면: ビビン冷面 / ビビン冷麺
　　냉면 れめ / れいめん
　　물냉면 ムルネンミヨン
＊ ビビン冷面: ビビン冷麺 한자로 냉면을 표기함에 있어서 冷面은 오기이므로 冷麺이라고 해야 한다.
물냉면을 한국식 발음 그대로 표기한 예이다. 하지만 일본인들에게 고정화되어 있는 冷麺(れいめん)을 병기해 주면 더욱 좋을 것이다.

② 설렁탕: ソル<u>ノ</u>ンタン / ソル<u>ロ</u>ンタン

설렁탕을 한국식 발음 그대로 표기한 예이다. 문제는 '렁'의 한국식 발음 표기이다. 설렁탕의 올바른 한국식 표기로는 ソルノンタン보다 ソルロンタン이 더 일본인들에게 쉽게 인지될 수 있을 것이다.

③ 게장: ゲジャン / ゲジヤン / ケジャン

게장은 게에다 장을 달여 부어 담근 한국 고유의 젓갈류 게장이므로 거의 고유명사처럼 쓰이는 것을 알 수 있다. 문제는 표기를 할 때인데, 일단 ゲジヤン처럼 요음의 표기가 맞게 되어 있지 않는 경우가 있었다. 또 하나는 ゲジャン과 ケジャン에서의 ケ와 ゲ의 이중적 표기이다.

일본어의 가나와 한글대조표(국립국어원)를 살펴보면 다음과 같다.

표1 〈가나와 한글 대조표〉

가 나	한 글	
	어 두	어 중·어 말
ア イ ウ エ オ	아 이 우 에 오	아 이 우 에 오
カ キ ク ケ コ	가 기 구 게 고	카 키 쿠 케 코
サ シ ス セ ソ	사 시 스 세 소	사 시 스 세 소
タ チ ツ テ ト	다 지 쓰 데 도	타 치 쓰 테 토
ナ ニ ヌ ネ ノ	나 니 누 네 노	나 니 누 네 노
ハ ヒ フ ヘ ホ	하 히 후 헤 호	하 히 후 헤 호
マ ミ ム メ モ	마 미 무 메 모	마 미 무 메 모
ヤ イ ユ エ ヨ	야 이 유 에 요	야 이 유 에 요
ラ リ ル レ ロ	라 리 루 레 로	라 리 루 레 로
ワ (ヰ) ウ (ヱ) ヲ ン	와 (이) 우 (에) 오	와 (이) 우 (에) 오 ㄴ
ガ ギ グ ゲ ゴ	가 기 구 게 고	가 기 구 게 고
ザ ジ ズ ゼ ゾ	자 지 즈 제 조	자 지 즈 제 조
ダ ヂ ヅ デ ド	다 지 즈 데 도	다 지 즈 데 도
バ ビ ブ ベ ボ	바 비 부 베 보	바 비 부 베 보
パ ピ プ ペ ポ	파 피 푸 페 포	파 피 푸 페 포
キャ キュ キョ	갸 규 교	캬 큐 쿄
ギャ ギュ ギョ	갸 규 교	갸 규 교
シャ シュ ショ	샤 슈 쇼	샤 슈 쇼

가 나	한 글	
	어 두	어중·어말
ジャ ジュ ジョ	자 주 조	자 주 조
チャ チュ チョ	자 주 조	차 추 초
ヒャ ヒュ ヒョ	햐 휴 효	햐 휴 효
ビャ ビュ ビョ	뱌 뷰 뵤	뱌 뷰 뵤
ピャ ピュ ピョ	퍄 퓨 표	퍄 퓨 표
ミャ ミュ ミョ	먀 뮤 묘	먀 뮤 묘
リャ リュ リョ	랴 류 료	랴 류 료

여기서 어두에서의 ケ의 표기도 '게', 어두에서의 ゲ의 표기도 '게'로 똑같이 표기가 되고 있음을 알 수 있다. 하지만 일본어에서는 이 두 개의 음을 무성음과 유성음으로 구분하고 있기 때문에 구분해 줄 필요가 있을 것이다. 이 책에서는 어두의 음은 청음으로, 어중·어말의 표기는 각각의 음식명의 발음에 따른 표기를 제시한다.

④ 칼국수: カルグクス / カルグックス

칼국수의 표기에 있어서 '칼'은 'ㄹ'받침이 일본어에서는 모음으로 끝나는 구조로 인해 'カル'의 표기를 하고 있다. '국수'의 한국어 발음 표기는 グクス와 グックス 정도로 나타난다. 종성발음을 ク로 표기한 것과 촉음 ック로 표기한 것이 그 예이다. 보통 일본 내에서 한국을 소개하는 책자를 살펴보면 カルグックス로 소개되는 예를 볼 수 있다.

⑤ 비빔국수: ビビククス

'비빔'이라는 음식명은 비벼먹는 한국의 음식문화라 할 수 있다. 잘 알고 있는 '비빔밥'의 명칭은 일본어 사전 広辞苑에서 ビビンバ로 표기되어 있다. 또는 ピビムパプ로도 표기되어 있다. 이 둘의 공통점을 살펴보면 '비빔'에서 마지막 종성부분에 나타나는 'ㅁ'을 표기하고 있다는 사실이다. 따라서 비빔국수를 표기하고자 할 때는 ビビン나 ピビム로 받침을 표기해야 할 것이다. '국수'의 표기는 바로 앞에서 언급했던 것을 참고로 한다.

⑥ 동동주: マッコリ / ドンドンジュ / トントン酒

한국에서의 동동주와 막걸리는 그 의미가 약간은 다른 술이다.

동동주: 청주를 떠내지 않아 밥알이 그대로 떠 있는 술.

막걸리: 찹쌀·멥쌀·보리·밀가루 등을 쪄서 누룩과 물을 섞어 발효시킨 한국 고유의 술.

위와 같이 동동주와 막걸리가 한국의 전통술이라고 해서 동동주를 マッコリ로 표기하는 예는 바람직하지 않다. 동동주는 ドンドンジュ나 トントン酒로 표기가 되어 있다. 전자는 소리 나는 대로 쓴 표기이며 후자는 '동동주'에서 '주'를 한자로 표기한 예이다. 한국과 일본이 같은 한자문화권이기 때문에 볼 수 있는 표기 현상이다.

⑦ 뚝배기 불고기 백반: プルユギ / プルゴギ / プルゴギ定食 / トクパキのやきにく定食 / トッベギ焼肉 / トッベギ爐き肉

한국 음식점에서는 '－백반'이라는 명칭을 흔히 볼 수 있다. 백반은 음식점에서 흰밥에 국과 몇 가지 반찬을 곁들여 파는 한 상의 음식이다. 여기서 불고기와 뚝배기 불고기는 그 의미가 확연히 다르다고 할 수 있다. 한국에서 사용되고 있는 실례를 보면 뚝배기 불고기를 プルゴギ(プルユギ에서 ゴ의 오기도 눈에 띈다)라고 표기하고 있는 경우를 볼 수 있다. プルゴギ定食으로 표기되어 있는 경우는 쉽게 밥과 같이 제공되는 의미로 알 수 있을 것이다. 또한 뚝배기불고기를 한국식 발음으로 표기하는 과정에서도 여러 가지 오기가 보인다. 첫째, 뚝배기의 표기이다. トクパキのやきにく定食과 トッベギ焼肉와 같이 뚝배기를 소리 나는 대로 표기한다면 トクパキ보다는 トッベギ 쪽이 훨씬 한국식 발음으로 느껴진다. 둘째, 불고기 정식의 표기이다. 불고기를 소리 나는 대로 プルゴギ라고 하지 않고 일본식인 やきにく로 표기하고 있어 한국식 발음과 일본어 번역이 혼합된 표기라고 할 수 있다. トッベギ爐き肉에서는 焼き肉(やきにく)의 한자 오기도 눈에 띈다.

⑧ 아구찜: ァグチム / アグチム

'아구'는 '아귀'의 잘못으로 소개되고 있다. 일반적으로 한국인들이 '아구'로 알고 있기 때문에 굳이 아귀라고 할 필요까지는 없어 보인다. 아구찜은 아귀에 갖은 양념과 야채를 넣어서 찐 요리라고 소개되고 있다. 한국식 발음대로 한다면 アグチム로 표기할 수 있다. アグチム에서는 ア부분이 작게 표기되고 있어 오기라고 할 수 있다.

⑨ 전복죽: チョンボックジュシク

전복죽을 소리 나는 대로 발음한 예이다. '죽' 표기에 있어서 ジュシク라고 할 경우 '쥬시쿠'라는 전혀 다른 발음이 된다. ジュシク에서 밑줄 친 부분을 촉음 ッ으로 표기하

여 ジュック로 발음하는 편이 한국식 발음에 더 가깝다. 전복죽이라고 했을 때 사전에 전복죽의 이미지를 떠올릴 수 있는 사람이 아니라면 발음은 한국식으로 하지만 정작 그 내용이 무엇인지 알지도 못하는 상황이 나타날 수 있다. 이 문제에 대해서는 일본어로 번역하여 표기하는 부분에서 살펴보기로 한다.

⑩ 생선초밥: センソンチョペツプ

생선초밥은 한국에서도 'すし'로 불릴 만큼 보편화되어 있는 현실이다. 이러한 것으로 볼 때, 생선초밥이라는 한국식 발음은 너무 낯설다. 게다가 '밥'을 한국식 발음으로 표기하는 과정에서도 오기가 눈에 띈다. ペツプ라고 소리 나는 대로 읽으면 '페쓰푸'라는 발음으로, 전혀 '밥'이라는 발음과 관계가 없어 보인다. 자칫 잘못하면 보는 이로 하여금 더 혼란을 야기하는 오기라 할 수 있다.

⑪ 김밥: キムパッ / キムパプ

김밥을 소리 나는 대로 표기하였다. キムパッ의 パッ은 어말 받침을 파열시키지 않고 발음한 이례적인 표기라 할 수 있다. 발음으로 보자면 일본인들에게 다소 어려운 발음이 될 수 있겠으나 한국인에게는 익숙한 발음이다. キムパプ에서의 パプ처럼 파열시켜 버리면 일본인들에게는 익숙한 조음현상이겠지만 한국인에게는 생소한 발음으로 느껴지기 때문에 원음에 가깝게 하려는 시도로 해석된다.

⑫ 굴 국밥: カキグツグパブ / カキクッパ

국밥은 끓인 국에 밥을 만 음식 또는 국에 미리 밥을 말아 끓인 음식이다. '굴'의 의미를 명확하게 하기 위해 일본어 번역을 사용해 カキ라고 표기하고 있다. 만약에 이때 '굴'을 カキ라 표기하지 않고 한국어를 소리 나는 대로 'グル'라고 표기한다면 의미만 더욱 모호해질 수 있을 것이다.

국밥의 표기는 グツグパブ, クッパ, グックバップ 등으로 나타난다. 한국어는 어말 받침을 파열시키지 않고 발음하는 데 반해 일본인은 한국어를 발음할 때 어말 받침을 파열시켜서 모음으로 끝내는 경향이 있다. 밑줄 친 부분을 살펴보면 그 예를 알 수 있다. 문제는 일본어가 개음절화되면서 여러 가지 표기가 나타나고 있다는 것이다.

⑬ 전주 콩나물 국밥:　全州もやしグシペ
　　들깨 콩나물 국밥:　えーごまもやしクシパ

콩나물 국밥:　　　　　 もやしクッパ

소고기 콩나물 국밥: 韓國式牛もやしクシパ

국밥은 ⑫번 굴 국밥에서 잠깐 설명했지만, 종류가 다양하다. 국 종류에 따라 밥만 말면 '－국밥'이 될 수 있다. 예를 들면, 북어 국밥, 굴 국밥, 콩나물 국밥, 순대 국밥 등이 있다.

다음은 콩나물 국밥의 표기 과정을 살펴보기로 한다.

첫째, 全州もやしグシペ 특정 지역의 콩나물 국밥의 이미지를 강조하기 위해서 全州 라는 한자를 사용하고 있다. 한국인이라면 쉽게 알 수 있는 상황이지만 일본인에게는 생소한 설명이다.

둘째, えーごまもやしクシパ처럼 えごま(들깨)라는 일본식 번역으로, 국밥에 들어간 재료를 설명하고 있다. えーごまもやしクシパ와 같이 일본에서는 히라가나의 장음을 'ー'로 표기하지 않을뿐더러 えーごま 이 단어에는 장음이 불필요하다. 또한 韓國式牛 もやしクシパ에서는 소고기가 재료로 들어간 것을 나타내고 있음을 알 수 있다. 이러한 표기는 일본과 한국이 같은 한자 문화권이기 때문에 가능할 수 있다.

셋째, 콩나물은 もやし로 일관되게 표기되고 있다. 이때 콩나물을 굳이 한국식 발음 으로 할 필요가 없을 만큼 정착화된 면이 있다.

넷째, ⑫번에서 언급한 '국밥'의 표기문제이다. グシペ(구시페) クシパ(쿠시파) クッパ(굽 파) 이 중에서 가장 원음에 가깝게 들리는 것을 고르자면 クッパ(굽파) 정도로 볼 수 있다.

⑭ 뼈다귀감자탕: ピョダギヘジャンクツ

뼈다귀'ピョダギ'는 원음 그대로, 감자탕은 해장국 'ヘジャンクツ'으로 표기하였다. 해 장국의 표기 또한 ヘジャンクツ보다는 クック로 표기하는 것이 자연스럽다.

감자탕은 돼지 등뼈와 함께 감자, 들깨, 파, 마늘 따위의 양념을 넣어 끓인 탕임에 반 해 해장국은 주로 선지나 북어, 콩나물 등으로 맵게 끓인 국이다.

한국음식 중에 찌개, 국, 탕의 이름이 많이 나타나는데 보통은 국물이 많고 적고의 차이로 나누어진다고 할 수 있겠다.

찌개: 뚝배기나 작은 냄비에 국물을 바특하게 잡아 고기·채소·두부 따위를 넣고, 간장·된장·고추장·젓국 따위를 쳐서 갖은 양념을 하여 끓인 반찬

국: 고기, 생선, 채소 따위에 물을 많이 붓고 간을 맞추어 끓인 음식

탕: 건더기가 많고 국물이 적은 국

이런 설명으로 보자면, 감자탕을 해장국으로 표기하는 것은 음식자체가 달라질 수 있음을 알아야 한다. 얼마 전에 일본에서 감자탕이 일본인 사이에서 유행한다는 기사가 보도된 바 있다. 감자탕의 의미를 정확히 전달해 주기 위해서는 해장국의 한국어 발음보다는 감자탕의 의미가 충분히 설명될 수 있는 표기가 필요할 것이다.

⑮ 녹두빈대떡: ノクトウピンデッㇳㇳ

녹두빈대떡을 한국식 발음으로 표기한 예이다. ノクトウ는 '녹두'를 원음에 충실하게 표기하고 있다. 빈대떡을 표기되어 있는 대로 읽으면 ピンデッㇳㇳ(빈데쓰토쓰)식으로 읽히게 된다. ビンデトック로 표기한다면 더욱 한국어발음에 가까운 일본어 표기가 될 것이다.

⑯ 꽃게탕: コッケタン

앞에서도 언급했듯이 '탕'은 국물이 적고 건더기가 많은 음식을 나타낸다. 꽃게를 원음 그대로 コッケ로 표기하고 있다. 탕도 원음 그대로의 タン으로 표기하고 있다. 일본인들이 탕에 대한 사전 지식이 없다고 한다면 음식점에서는 탕에 대한 설명을 일본어로 부차적으로 표기하는 방법이 있을 수 있겠다.

⑰ 순두부찌개: 純豆腐チゲ

순두부찌개의 표기는 純豆腐チゲ로 나타내고 있다. 앞에서도 언급했듯이 찌개는 뚝배기나 작은 냄비에 국물을 바특하게 잡아 고기·채소·두부 따위를 넣고, 간장·된장·고추장·젓국 따위를 쳐서 갖은 양념을 하여 끓인 음식이다. 여기서는 주재료가 순두부인데 純豆腐처럼 한자어로 표기하고 있다.

일본인들은 같은 한자문화권이라 이해에 어려움은 없겠지만 주문할 때에 발음을 어찌 해야 할지 난감해하는 경우가 있을 수 있다. 순두부의 한국식 발음을 옆에다 표기해 주는 것도 그 대안이 될 수 있을 것이다.

⑱ 육회: ユシケ / ユシケ / ユッケ

육회 표기과정에서 다음과 같은 오기가 나타남을 알 수 있다.

첫째, 육회를 ユシケ, ユシケ와 같이 표기하고 있다. 밑줄 친 부분을 살펴보면 'ユ'의 크기를 작게 표기한 오기임을 알 수 있다.

둘째, ユシケ와 ユッケ에서 전자를 소리 나는 대로 읽으면 '유시케' 후자는 '웃케'로

발음된다. 가타카나의 シ와 ッ의 구분이 안 된 상태이다. 또한 일본어 촉음 표기의 오기라고 할 수 있을 것이다.

⑲ 묵은지 고등어조림 ムグンジコドゥンオチョリム(古漬けキムチ添えさばの煮つけ)

'묵은지 고등어조림' 같은 경우는 다음과 같이 가타카나와 설명문이 함께 있었으나, 너무 긴 표기와 설명으로 인해 발음과 의미 파악이 쉽지 않은 예이다.

다음의 표는 위의 설명에서 다루지 않은 한국어 발음을 표기한 일본어 표기 용례이며, 복매운탕, 보쌈 등은 잘못된 표기이다.

표2 〈발음표기용례〉

안창살	アンチャンサル
생등심	セントゥンシム
도가니탕	ドガニタン
새싹샐러드	セサックサラダ
해물된장	ヘムルデンジャン
비빔밥	ビビンバ
비빔냉면	ビビンネンミョン
쌈밥	サンバブ
뚝배기	ドッベギ
꽃등심	コットゥンシム
차돌박이	チャドルバギ
복매운탕	フボメウンタン
물냉면	ムルネンミョン
불고기	ブルゴギ、ブルコギ
된장찌개	デンジャンチゲ
보쌈	キムチモサン
국밥	グックバップ

韓国料理名の日本語表記
＊
54

2) 일본어로 번역 표기한 경우

(1) 한국의 인터넷 사이트 자료

일반인이 쉽게 검색할 수 있도록 자료를 올려놓은 사이트 중에서 '한국관광공사'와 개인의 연구소인 '한국음식문화 연구소'의 일본어 표기를 살펴보고자 한다. 우선 한국관광공사는 '외국어 관광안내 표기 표준화 사업'으로 '외국어 관광안내 표기 용례집 2006'을 발행하였다.[14] 그에 의하면 올바른 관광 안내 표기의 정착과 보급을 통하여 외래 관광객 관광불편요인해소, 외국어 표기의 표준화 확대를 통하여 관광객 만족도 및 관광한국 이미지 제고가 목적임을 밝히고 있다. 늦은 감이 없지 않으나, 이러한 용례집의 발행은 매우 효용가치가 높은 사업이라고 평가할 수 있다. 구체적으로 음식 메뉴 용례(영어, 일본어, 중국어)의 외국어 표기를 해 놓았으며, 한식, 일식, 중국식, 양식의 음식 메뉴 1047개에 이르고 있다. 그러나 여기서 아쉬운 점은 일본어인 경우 표기가 음식메뉴의 일본어 설명만 되어 있다는 점이다. 가나표기의 발음이 함께 제공되지 않으면 사업목적에서도 밝히고 있는 관광불편요인의 해소가 어렵지 않을까 우려된다.

다음으로 한국음식문화연구소의[15] 표기를 살펴보면, 외국어 표기법의 제목으로 한식, 일식, 중식, 양식, 분식의 음식메뉴를 각각 로마자 표기, 영어 표기, 일본어 표기, 중국어 표기로 용례를 소개하고 있다. 한식메뉴만을 본다면 104개의 용례가 있는데, 한국관광공사와 마찬가지로 역시 발음의 표기가 없고 메뉴에 대한 설명만 제시되어 있다. 로마자 표기뿐 아니라 가나표기를 아울러 병기하는 것이 원활한 의사소통의 방법이 될 것이다.

두 곳의 표기를 비교해 보면 다음과 같다.

실
태
조
사

분
석
*
55

---

14) 한국관광공사, '외국어 관광 안내표기 용례집', 2006. 12. http://www.visitkorea.or.kr
15) 한국음식문화연구소 http://www.daom21.com/KFCL/support/support9.asp

표3 〈일본어 표기의 비교〉

음식메뉴명	한국음식문화연구소 표기	한국관광공사 표기
갈비구이	カルビ焼き	牛カルビ
갈비찜	カルビの蒸し煮	牛カルビの蒸し煮
갈비탕	カルビスープ	牛カルビのスープ
감자 국밥	じゃがいもクッパ	
감자탕	じゃがいもと豚肉の骨付き入リスープ	ジャガイモと豚肉の煮込み鍋
게장백반	かにのしょうゆ漬け定食	カニの醤油漬け定食
곰탕	牛の骨と肉スープ	濃厚な牛骨スープ(コムタン)
곱창전골	韓國式モツすき	牛モツの辛味鍋
구절판	九折坂(宮庭料理)	九折坂：宮廷料理
국밥	クッパ	
국수전골	韓國式うどんすき	手打ち麺入り寄せ鍋
궁중전골	宮庭式すき焼き	
김치볶음밥	キチチャーハン	キムチチャーハン
김치전골	韓國式キムチのすき焼き	キムチ寄せ鍋
김치찌개	キムチチゲ	キムチ鍋
꼬리곰탕	テールスープ	牛テールのスープ
꽃게탕	わたりがに鍋ヲ	ワタリガニ鍋(大 / 小)
낙지전골	韓國式たこすき	タコとモツの寄せ鍋
닭갈비	鶏のカルビ	鶏肉と野菜の辛味鉄板焼き
닭갈비구이	鶏のカルビ焼き	
닭곰탕	鶏の煮翔みスープ	
닭찜	鶏の蒸し煮	
대구탕	たら鍋	タラ辛味スープ
도가니탕	牛のひざ骨煮翔みスープ	牛の膝蓋骨スープ
돌곱창	モツ石鍋	
돌솥비빔밥	石鍋ビビンパ	石焼きビビンパ
동태찌개	冷凍スケソウダラのチゲ	スケトウダラの辛味鍋
동태찌개백반	スケソウダラチゲ定食	
돼지갈비	豚カルビ	豚カルビ
된장찌개	韓國式みそチゲ	味噌鍋
된장찌개백반	韓國式みそチゲ定食	
따로국밥	ご飯別のクッパ	
로스구이	牛肉のロース焼き	
만둣국	餃子スープ	餃子スープ
매운탕	辛口の鍋物	魚の辛味スープ

음식메뉴명	한국음식문화연구소 표기	한국관광공사 표기
모듬전골	韓國式盛合せすき焼き	寄せ鍋
물냉면	水冷麵	水冷麵
미역국	わかめスープ	ワカメスープ
버섯전골	韓國式キノコのすき焼き	キノコの寄せ鍋
보리밥	むぎめし	麦ご飯定食
복매운탕	ふぐの辛口スープ	フグの辛味鍋
볶음밥	チャーハン	チャーハン
불갈비	炭焼きカルビ	
불고기	燒肉	燒肉(ブルゴギ)
불고기덮밥	燒肉あんかけご飯	牛丼
비빔냉면	辛味ビビン冷麵(まぜ冷麵)	辛味冷麵
비빔밥	ビビンパ(まぜご飯)	ビビンパ
사골탕	牛骨の煮翔みスープ	牛骨と干した白菜のカルビスープ
산채비빔밥	山菜ビビンパ	山菜ビビンパ
삼겹살	豚ばら焼き	
삼계탕	蔘鷄湯	参鷄湯
삼치구이	さわらの鹽焼き	サワラの焼き
상추백반	サニーレタス定食	
생등심	牛ヒレ焼き	烤生柳
생선구이	燒き魚	魚の塩焼き
생선매운탕	魚の辛口鍋	魚の辛味スープ
생선알탕	魚の卵スープ	魚卵の辛味スープ
선지국	牛血固め入りスープ	牛血の辛味スープ
설렁탕	ソルロンタン	牛骨の白スープ
소갈비	牛カルビ	
소고기전골	韓國式牛すき	牛肉の寄せ鍋
소금구이	牛肉のしお焼き	塩.焼き
소머리 국밥	牛の頭肉クッパ	牛頭スープのクッパ
수육	牛肉の蒸し物	茹肉
생선찌개	魚のチゲ	
순두부백반	おぼろ豆腐チゲ定食	おぼろ豆腐辛味鍋定食
순두부찌개	おぼろ豆腐のチゲ	おぼろ豆腐辛味鍋
신선로	神仙爐(宮庭料理)	神仙炉：宮廷鍋料理
쏘가리매운탕	高麗けつ魚の辛口鍋	コウライケツギョの辛味鍋
아구찜	あんこうの蒸し煮	アンコウの辛味蒸煮
아구탕	あんこう鍋	アンコウの辛味鍋

음식메뉴명	한국음식문화연구소 표기	한국관광공사 표기
양곱창구이	モツ焼き	もつ焼き
양송이볶음밥	マツシュルームチャーハン	マッシュルームチャーハン
열무비빔밥	若大根入りビビンパ	ミニ大根と麦ご飯のビビンパ
오골계탕	烏骨鶏湯	オコルケ(鶏)スープ
오뎅국	おでんスープ	
오뎅백반	おでん定食	おでん寄せ鍋定食
오리구이	鴨の焼き物	家鴨肉焼き
오징어덮밥	いかあんかけご飯	イカの辛味丼
오징어볶음	いかの炒め物	イカ炒め
오징어볶음밥	いかチャーハン	
우거지갈비탕	牛のあばら肉と大根干菜のスープ	干し白菜とカルビのスープ
우거지국	大根干菜スープ	干し白菜のスープ
우거지 국밥	大根干菜クッパ	
우족탕	牛足の煮豚みスープ	
육개장	牛肉の辛口スープ	牛肉の辛味スープ
육회	ユツケ	牛刺し
제육덮밥	豚肉の辛糖子みそ炒めあんかけご飯	
제육볶음밥	豚肉入りチャーハン	
족발	豚足の蒸し物	
징기스칸	シンギスカン	
청국장	韓國式納豆汁	チョンクッ味噌汁
추어탕	韓國式どじょう汁	ドジョウ汁
카레볶음밥	ドライカレー	
콩나물국	もやしスープ	大豆モヤシのスープ
콩나물비빔밥	もやしビビンパ	
토란탕	さといもスープ	
한정식	韓定食	韓定食
해물매운탕	海産物の辛口鍋	海産物の辛味スープ
해물잡탕	海産物鍋	海産物あんかけご飯
해물전골	海産物のすき焼き	海鮮鍋
해장국	酔冷ましスープ	二日酔い用のスープの総称
LA갈비	LA牛カルビ	牛LAカルビ焼き

한국음식문화연구소(이하 연구소)의 한식메뉴와 한국관광공사(이하 공사)의 메뉴가 같은 것은 76개인데 그중에서 다른 설명문으로 제시된 것이 41개 정도로 54%의 불일치

를 보이고 있다. 예를 들면 「전골」을 연구소는 「すき」나 「すき焼き」로 표기한 반면 공사는 「寄せ鍋」로, 「덮밥」은 연구소가 「あんかけご飯」으로, 공사가 「〜丼」으로 표기하였다. 「찌개」는 연구소가 「チゲ」로 공사는 「鍋」로 표기하는 등 음식조리법의 일본어 설명문도 시급히 기준 표기가 마련되어야 할 것이다. 여기서 더욱 문제가 되는 것은 역시 표기법 오류이다. 공사의 표기는 대체로 정확한 일본어 표기법에 부합한다고 말할 수 있으나, 연구소의 표기는 Ⅲ장에서 보고된 오류와 같은 유형이 발견되는데 간단히 정리하면 다음과 같다.

한자가 모두 구자체이거나 틀린 한자로 표기되어 있다.

燒	→	焼
淸	→	清
國	→	国
鷄	→	鶏
煮翔み	→	煮込み
麺	→	麺
鹽	→	塩
爐	→	炉
辛糖子	→	唐辛子
飯	→	飯

가타카나의 오류는 다음과 같다

スーブ	→	スープ
クシパ、クツパ	→	クッパ
モシ	→	モツ
マツシュルーム	→	マッシュルーム
ユツケ	→	ユッケ
シンギスカン	→	ジンギスカン

여기서는 탁음부호와 반탁음부호를 오용했으며(ブ→プ) シ와 ツ의 오용, ツ와 ッ의 오용, ジ의 탁음부호를 쓰지 않았는데 이것은 일본어 문자에 대한 기본지식의 결여라고 볼 수 있겠다. 또한 김치볶음밥의 <u>キチ</u>나 꽃게탕의 <u>鍋ク</u> 등의 탈자나 오자도 보인다.

(2) 음식점의 조사자료

일본인들에게 익숙하지 않은 '비정착유형'의 경우에는 완전히 한국어식 표기를 하고 있는 반면, 이미 일본에 정착된 '정착유형'의 경우에도 일본어로 설명하듯 번역해 놓은 경우도 있다. 예를 들면 비빔밥의 경우, '混ぜご飯' '交ぜご飯' 'まぜご飯'과 같은 형태로 번역되어 있다.

불고기의 경우, '焼肉' 또는 '焼き肉'로 번역을 한 경우가 많은데, 이것은 양념하지 않고 직접 불에 구워 먹는 '焼き肉'를 생각하게 하여 아예 다른 음식이름이 되어 버린다. '火爐牛肉', '爐き肉'와 같이 애매하거나 한자표기에 문제를 보인 경우도 있었다. 특히 일본어의 약자가 아니라 한국식의 한자 형태를 그대로 옮겨 쓴 경우에는 설사 번역이 정확히 되었다 하더라도 일본인들이 제대로 이해할 수 없을 것이다.

낙지볶음의 경우는 번역 형태가 더욱 다양하다. 주로 문어를 많이 먹고 낙지를 거의 찾아보기 힘들기 때문에 낙지도 'たこ'로 번역하는 경우가 많은데, 직역하여 'たこ炒め', 'たこ辛炒め' 등으로 옮겼다. 한일사전에 나와 있는 대로 'てながたこ'를 사용한 경우에는 'テナガダコ炒め' 등으로 표기되어 있다. 괄호 안에 'シチュウ'라고 설명을 적어 넣은 '踊りの煮詰'는 낙지의 살아있는 모양을 표현한 듯하다. 그러나 '煮詰'나 'シチュウ'라는 설명조차도 음식을 제대로 설명하지 못하고 있다. 'たこ焼'처럼 아예 다른 음식명을 쓴 것도 보인다. 이 경우에 일본의 'たこ焼き'인 줄 알고 주문했다가 낭패를 보는 경우도 없지 않을 것이다.

부대찌개의 경우를 예로 들면, 'ソーセージの寄せ鍋', '부대'를 일본어로 옮길 양으로 'ブダイチゲ'로 표기한 경우 등 다양하다. 이 중 '부대'라는 말은 일본어로 번역하여도 내용을 알기 어려우며, 더구나 'ぶたい'도 아니고 'ぶだい'라고 임의로 표기하였기 때문에, 더욱 난해한 음식이름이 되었다.

닭도리탕[16]은 한국어 자체에 일본어가 중복적으로 합성되어 있다는 문제가 있어서 번역하기 어렵다. '닭'과 '도리'가 같은 의미이기 때문인데, 설명하듯 써 놓은 표기가 눈에 띈다. ('鶏肉の蒸し煮', '鳥鍋', '鶏のとうからし') 또 다른 예인 '鶏のとうがらし' 역시 의미가 명확하지 않다.

돌솥비빔밥의 경우, 일본에서는 주로 '石焼きビビンバ'의 형태로 쓰이는데, 한국에서는 '돌솥'을 '石焼き'뿐 아니라 '石釜'로도 번역하였다.

김밥의 경우, 'のりまき'가 일반적이기는 하나 'のりまま' 등 표기의 오류가 보인다.

---

16) 닭볶음탕으로 순화하여 쓰도록 권장하고 있는 음식명이지만 이 책에서는 조사자료대로 표기함.

해물탕의 경우, 'カイセンなべ'부터 '海物湯: 海産物の色々入れの鍋物'에 이르기까지 다양하다. 몇 가지 용례를 자세히 살펴보겠다.

① 비빔국수: 唐身子みそ麺 / ビビそば

비빔국수를 일본어로 번역하여 唐身子みそ麺으로 표기하고 있다. 일단 唐身子의 오기를 들 수 있다. 일본어로 고추를 나타내는 단어는 とうがらし로 이것을 한문으로 쓸 경우 唐辛子의 표기가 된다. 다시 말해 身이 아니라 辛으로 표기가 되어야 한다. 두 번째는 唐身子みそ麺이라고 했을 때 일본인들이 비빔국수의 이미지를 떠올릴 수 있는가이다. 비빔국수는 국물 없이 고기나 나물 따위와 여러 가지 양념을 넣어 비빈 국수를 의미한다. 여기서 고춧가루를 사용해 보통 맵게 비벼지는 특성이 있다. 이러한 이유로 번역하여 표기할 때 唐辛子가 들어가는 것이 일본인들의 이해에 많은 도움이 될 것이다. 또 다른 문제는 '면'의 표기이다. 국수는 밀가루·메밀가루·감자 가루 따위를 반죽한 다음, 반죽을 얇게 밀어 가늘게 썰거나 틀에 눌러 가늘게 뽑아낸 식품이다. 일본어 표기로 'みそ麺'이라고 하면 みそ(된장)으로 반죽이 되었거나 양념이 된 것으로 여겨질 수 있다.

② 비빔냉면: からいまぜレイーメン

비빔냉면은 육수 없이 고기나 홍어회, 나물 따위와 여러 가지 양념을 넣어 비빈 냉면이다. 앞에서 언급한 비빔국수와 같이 고춧가루를 사용해 맵게 비벼지는 특성으로 からい(맵다)의 의미로 번역되어 있다. 일본어로 '섞는다'의 뜻으로 'まぜる'로 표기하고 있다. 냉면의 일본어식 표현으로는 レイーメン이 아니라 가타카나로 표기할 경우는 レーメン으로 히라가나로 표기할 경우는 れいめん으로 표기하는 것이 올바른 표기라 할 수 있겠다.

③ 물냉면: みすレイーメン / 水冷面 / 水レイーメン

물냉면은 육수에 만 냉면으로 편육, 생채, 알고명 따위를 얹고 겨자와 초를 쳐서 먹는 음식이다. 물이라는 단어로 みず(水)로 표기해야 하는데 みす로 표기하고 있어서 오기로 보인다. 냉면 표기에 있어서는 바로 앞에서도 언급했듯이 レイーメン처럼 장음의 이중적 표기가 되고 있는 것을 알 수 있다. 또한 水冷面의 面은 麺의 오기이다.

④ 설렁탕: 牛肉のスープ

설렁탕은 소의 머리, 내장, 뼈다귀, 발, 도가니 따위를 푹 삶아서 만든 국 또는 그 국

에 밥을 만 음식이다. 흔히 ソルロンタン(牛の骨や内蔵でダシをとったスープ)으로 한국어 원음에 가깝게 표기되는 경우가 많다. 일본어로 번역하여 표기한 예는 牛肉のスープ(쇠고기 스프)이다.

* 탕과 鍋와 スープ

일본어로 번역할 때 '-탕'을 鍋(냄비요리: 식탁에 냄비를 놓고 끓이면서 먹는 요리) 또는 スープ라고도 표기하고 있는데 실제로 어떻게 표기되고 있는지 살펴보기로 한다.

갈비탕	カルビスープ
해물두부탕	海産物と豆腐のスープ
제육순부두탕	豚肉純豆腐鍋
알탕	魚卵の辛い鍋 / 漁卵スープ
닭도리탕	鶏のやくみスープ

갈비탕은 국물이 많기 때문에 スープ로 표기되어도 무방하리라 본다.

해물두부탕은 찌개로 말하는 것이 일반적이기 때문에 スープ의 표기는 적절치 않다고 본다.

제육순두부탕 또한 냄비요리라고 하기보다는 찌개로 말하는 편이 더 자연스럽다.

알탕은 鍋와 スープ로 양쪽으로 구분 없이 표기되어 있다.

닭도리탕은 보통 내용물이 많기 때문에 スープ라고 표기하기엔 적절치 않다.

⑤ 순두부: 豆腐の鍋 / 海鮮豆腐 / 海産物かいさんぶつ朧豆腐おぼろどうふ

순두부의 일본식 번역으로 豆腐の鍋를 볼 수 있다. 이러한 번역만으로 보았을 때는 우리가 흔히 순두부 하면 떠오르는 느낌보다는 두부 전골요리 정도로 생각하기 쉽다.

海産物かいさんぶつ朧豆腐おぼろどうふ에서는 한자와 히라가나가 중복 표기되어 있기는 하지만 일본식 번역으로서는 의미가 확실한 표기라 할 수 있을 것이다.

⑥ 계란찜: ちせわん蒸し

계란찜은 달걀 푼 것에 새우젓이나 명란젓, 파, 깨 따위를 넣고 찐 음식이다. 일본에서도 이러한 계란찜과 비슷한 것으로 한국과 약간 조리법의 차이는 있으나 ちゃわん蒸し라고 하는 음식이 있다. 따라서 계란찜은 그대로 ちゃわん蒸し로 표기할 수 있다. 단

예에서 보이는 표기는 밑줄 친 や를 せ로 혼동, 더구나 작게 표기하는 오기가 나타난 것이다.

⑦ 꽃게찜: むしがに

일본어로 '찐다'는 의미의 蒸す(むす)와 '꽃게'의 일본어 표기 'かに'로 번역되었다.

⑧ 뚝배기 불고기: 焼き肉と寄せなで / 焼やき肉にく

뚝배기 불고기의 일본어 번역으로 오기가 눈에 띈다. 焼き肉と寄せなで에서는 なべ의 오기이다. 또한 「と」라는 조사 때문에 불고기와 냄비요리라는 뜻이 된다. 焼やき肉にく는 같은 내용을 2번씩 표기하고 있을뿐더러 뚝배기의 번역이 빠져 있다.

⑨ 아구찜: あぞこじ / あんこうの蒸し煮 / アンコウムシ

일본에서는 '아구'를 あんこう라고 표기하고 있다. 처음에 나오는 あぞこじ는 단순한 오기로 보인다. アンコウムシ에서는 조리법이 가타카나로 함께 표기되어 이해하기 어렵고 「ムシ」는 증기에 찌는 요리로 아구찜의 설명으로는 부족하다.

⑩ 회덮밥: 刺身ドン

일본에서는 덮밥을 ドンブリ(돈부리)라고 한다. 한국의 비빔밥과 비슷한 음식으로 밥 위에 반찬을 올려놓고 간을 해서 먹는 요리로 싸고 간단하여 많은 사람이 즐겨먹는 음식이다. 대표적인 덮밥으로는 장어덮밥(うなぎどんぶり), 닭고기 계란덮밥(おやこどんぶり), 소고기 덮밥(ぎゅうどん), 돈가스 덮밥(カツどん), 튀김덮밥(てんどん) 등이 있다.

회덮밥이라는 것은 이러한 일본식 덮밥과는 다르게 생선회를 얹은 덮밥에 갖은 양념을 치고 비벼서 먹는 음시이다. 한국식익 섞는 문화와 섞어 먹지 않는 일본식의 차이 정도가 눈에 띈다. '회'의 일본식 표기 刺身(さしみ)와 덮밥을 나타내는 ドンブリ가 합쳐진 표기라 할 수 있다.

⑪ 칼국수: 韓國式うどん / 手打ちうどん

칼국수의 일본어 번역표기로서 うどん을 공통적으로 들 수 있다. 칼국수는 비빔국수 면보다는 우동 면과 비슷하기 때문에 うどん으로 표기할 수 있다. 다만 앞에 붙는 수식어가 한국식 우동인지, 국수 등을 기계가 아니라 손으로 반죽하거나 하여 만든 우동인지를 나타내고 있다.

⑫ 육회: 肉さしみ

육회는 소의 살코기나 간 따위를 잘게 썰어 갖은 양념을 하여 날로 먹는 음식이다. 소고기를 날로 먹는다는 번역에서 肉(소고기)さしみ(회)로 표기되고 있다.

⑬ 전복죽: あおび / あわび / あわびおかゆ / あわびのお粥

あおび와 あわび에서 전복이라는 말은 일본어로 あわび이므로 あおび라는 표기는 오기로 보인다. 죽을 お粥라고 표기하고자 한다면 명사 あわび와 명사 お粥가 연결되는 것이므로 の로 연결해야 올바른 표기가 될 수 있다. あわびおかゆ가 아니라 あわびのお粥의 밑줄 친 부분에서처럼 の를 넣어야 한다.

⑭ 녹두빈대떡: 綠豆のおニのみ焼き

녹두빈대떡은 전(煎)의 하나. 녹두를 물에 불려 껍질을 벗긴 후 맷돌에 갈아 나물, 쇠고기나 돼지고기 따위를 넣고 번철에 부쳐 만든 한국음식이다. 이와 비슷한 것으로 일본에는 お好み焼き(おこのみやき)가 있다. お好み焼き(おこのみやき)는 부침개의 하나로 새우, 오징어, 야채 등 기호에 맞는 재료를 물에 갠 밀가루에 섞어 번철에 부치면서 먹는 일본음식이다. 이렇게 두 음식이 거의 비슷한 점으로 보아 녹두빈대떡은 綠豆のお好み焼き로 표기하여도 될 것이다. 다만 위에 제시된 표기에서는 綠豆のおニのみ焼き의 밑줄 친 부분에서의 오기가 눈에 띈다. 綠豆のおこのみ焼き에서처럼 'こ'로 표기해야 할 것이다.

그 외에도 다음과 같은 용례들이 있다.

표4 〈기타일본어번역용례〉

해물냄비우동	海産物 鍋焼
소갈비살	骨なしカルビ
모듬샤브샤브	牛&海鮮しゃぶしゃぶ
꽃등심	霜ふり牛ヒレ肉
생등심	生牛ヒレ肉韓牛ロース
차돌박이	脂肪の多い牛あばら肉の焼き
갈비탕	牛肉あばらをぶつ切にしてにこ味やくみを入れたスープ
설렁탕	牛骨スープ、牛肉のスープ
도가니탕	牛膝軟骨スープ
된장비빔밥	韓國味噌ビビンパ
해물된장	海鮮味噌鍋
궁중갈비찜	牛カルビ肉の煮物
육회	牛刺し
해물모듬구이	海鮮盛り合わせ焼き
멸치국수	いわしだしの溫麺
열무국수	大根の葉だしの冷麺
울건면	タンメン風ラーメン
북어 국밥	干しすけそうたらスープ
된장찌개	味噌
주꾸미 철판볶음	たこ焼きてっぽん焼き
주물럭	いじくり回した牛肉
막국수	韓国式そば
떡만두	韓国式もち入り餃子
육개장	牛肉の辛味スープ

2. 일본어 표기법의 오류분석

일본어 표기의 오용례를 분석하는 데 있어서 그 대상은 음식명과 음식명 이외의 관광 관련 표현이 포함되었으며, 음식명은 주로 음성·음운론적 오류가 많고 음식 이외의 자료에서는 표현 및 문법적인 오류가 많은 것을 확인할 수 있었다.

1) 어휘상의 오류

(1) 외래어

일본어와 한국어에 있어서 동시에 외국어인 경우, 영어 등과 같이 그 외래어를 표기하는 방법은 당연히 다르다. 이 부분을 인식하지 못하여 한국어식으로 외래어를 표기하여 어휘적인 오류가 발생하는 경우가 많다. 예를 들어 영어의 'f' 발음은, 한국어 표기에서는 [p]로 변환되지만, 일본어에서는 [h]로 변환된다. 예를 들어 friend라는 단어는 한국어에서는 [프랜드]로 일본어에서는 [フレンド]로 발음이 된다. 한국어에서 [커피]로 발음되는 coffee는 일본어에서는 [コーヒー]로 발음되는데 이것은 어원이 네덜란드어에서 비롯된 외래어음으로 영어발음인 コピー라고 발음하지 않는다.

커피의 경우 'こぴー', 'こーぴー' 등으로 표기된 예를 발견할 수 있었다. 이것은 'f' 발음을 'p'발음으로 표기하는 한국어식 외래어 표기법의 영향이다. 또한 'コーヒ', 'コヒー', 'コヒ' 등과 같이 장단음의 구분이 한국어에서는 변별력을 가지지 못한다는 사실의 영향으로 일본어 표기의 장단음이 무시된 표기를 볼 수 있다.

일본 외래어표기의 원칙 중에는 '외래어는 원칙적으로 가타카나를 쓰며 [외래어를 쓸 때 사용하는 가나의 부호의 표] 범위 내에서 쓴다.'라는 규정이 있다.17) 또 '장음을 나타내려면 장음부호 [ー]를 첨가해 나타내고 모음자를 겹쳐 쓰거나 [ウ]를 사용하거나 하지 않는다.'라는 규정이 있다. 하지만 간판이나 메뉴 등에서는 외래어를 잘못 표기한 경우가 많았다. 또한 장음부호를 넣지 않는 경우도 있었다. 다음 사진은 남대문의 액세서리 상가 간판이다. 외래어 표기의 오용례의 심각성을 나타낸다.

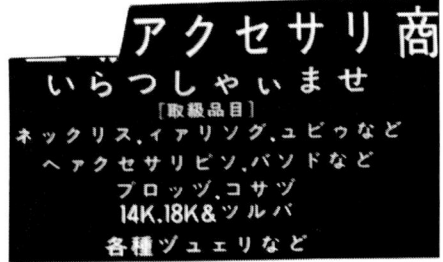

---

17) 内閣告示,「外来語の表記」, 1991.

이것을 표기법에 맞게 고치면 다음과 같다.

アクセサリ	→ アクセサリー	액세서리
ネックリス	→ ネックレス	목걸이
ィアリング	→ イヤリング	귀걸이
ユビウ	→ ゆびわ、ユビワ	반지
ヘァクセサリピソ	→ ヘアアクセサリーピン	머리핀
バソド	→ バンド	밴드
プロッヅ	→ ブローチ	브로치
コサヅ	→ コサージ	코르사주
ツルバ	→ シルバー	실버
ヅュエリ	→ ジュエリー	주얼리
バイア	→ バイヤー	바이어

표5 〈외래어 표기의 오용례〉

한글표기	잘못된 표기	올바른 표기
라이스	ウイス	ライス
레몬	レモソ	レモン
레스토랑	レストラソ	レストラン
마켓	マケット	マーケット
마사지	マツサージ	マッサージ
매니큐어	まにゅきゅあ	マニキュア
맥주	びる	ビール
빵	ハン	パン
샌들	センータル	サンダル
샌드위치	サンドイシチ	サンドイッチ
서비스	サーヒス	サービス
슈퍼마켓	スパ	スーパー
스킨	ヌキン	スキン
스타일	すたいる	スタイル
스테이크	ステキ	ステーキ
스파게티	スパヂティ	スパゲティ
위스키	洋酒	ウイスキー
재스민	ジャスミソ	ジャスミン
치즈	チズ	チーズ

한글표기	잘못된 표기	올바른 표기
카페	カクエ	カフェー
케어	ケアー	ケア
크로켓	ゴロツケ	コロッケ
크림	くりむ	クリーム
커피	コヒ	コーヒー
파마	バーマ	パーマ
패션	ファッツョツ	ファッション
핫	ホシド	ホット
시푸드	シフド	シーフード

(2) 한자어

일본어와 한국어는 모두 한자문화권에 속하는 언어이다. 따라서 한자를 많이 사용하게 되는데, 일본어의 경우 상용한자 등 많은 한자들이 간략하게 약자화되어 있다. 그러나 한자를 표기함에 있어 한국식 한자를 그대로 표기하여 일본인들이 이해할 수 없는 경우도 발생하고 있다.

또한 한자어의 구성 역시 단어에 따라 다른데, 해물의 경우 일본어에서는 '海鮮'이라는 한자를 사용하는 것이 일반적이나, 해물파전의 예에서 볼 수 있는 것처럼, '海産物', '海物' 등의 한국식 한자를 표기하여, 의미전달은 가능하나 생소한 표기도 있다.

해물 이외에도 그 예는 많다. 다음은 관광지에서 찾아볼 수 있는 한국식 한자 표기의 예이다.

① CD販賣します。
② 宮中・民俗寫眞撮影
  韓國訪問の記念に傳統宮中の民俗衣裳を着て紀念寫眞を撮ってみてはいかがですか。
③ 藥(일본인을 주 고객으로 하는 약국의 간판)
④ 鐵板燒き(철판구이)
⑤ 鷄肉の蒸し煮(닭도리탕)
⑥ サワラの鹽燒き(삼치구이)
⑦ 淸淨地域で育てられた豚肉……經驗して見ませんか。

이것은 각각 다음과 같이 수정하여야 한다.

① CD<u>販売</u>します。

② 宮中・民俗写真撮影

　<u>韓国</u>訪問の記念に<u>伝統</u>宮中の民俗衣裳を着て<u>紀念写真</u>を撮ってみてはいかがですか。

③ 薬

④ <u>鉄板焼</u>き(철판구이)

⑤ <u>鶏肉</u>の蒸し煮(닭도리탕)

⑥ サワラの<u>塩焼</u>き(삼치구이)

⑦ <u>清浄</u>地域で育てられた豚肉……<u>経験</u>して見ませんか。

글자체가 아닌 한자어 사용의 오류도 찾아볼 수 있다. 예를 들면 다음과 같은 경우이다.

⑧ <u>零面</u>(냉면의 잘못된 표기) → 冷麺으로 바꾸어야 한다.

⑨ 淑女服(しゅくじょうふく) → 婦人服(ふじんふく)로 써야
하며 しゅくじょう의 표기도 しゅくじょ가 맞다.

　한국식 일본어 표기의 대표적인 경우 중 두 번째는 한국식 한자를 그대로 사용하는 경우이다. 이러한 경우는 많은 단어에서 볼 수 있다고 하기보다는 일부의 단어에서 반복적으로 보이는 경향이 있는데, 간혹 이러한 표기들 중에는 한국어에도 맞지 않는 한자가 표기되어 있는 경우도 있어 더욱 문제이다.

　가장 많은 표기상의 혼란 빈도수를 보이는 한자로는 "매"자를 들 수 있다. '賣'는 일본어 한자 '売'를 사용해야 하지만, 이렇게 표기되어 있는 곳은 절반 정도밖에 되지 않는다. 게다가 '買'와 한국 한자 어휘로도 구별하지 못하는 경우가 많아 일본어에서의 "판매(販売)"라는 단어의 경우, 販賣 혹은 販買로 표기되어 있는 것을 쉽게 찾아볼 수 있다. 이 외에도 세계(world)를 世界가 아닌 世系로 표기된 경우도 찾아볼 수 있다.

일본의 문자에서 한자는 의미를 구별하는 데 특히 큰 역할을 하고 있으며, 약 2,000 자의 한자가 주로 쓰인다. 이 한자들은 1949년의 내각고시 [当用漢字表]에서 한자의 표준이 정부에 의해 제시가 되어 1981년 내각고시 [常用漢字表]에 이어지고 있다. 이것을 신자체(新字体)라고 부른다. 또한 그 이전의 자체를 구자체(旧字体)라고 부르며 이것은 중국의 한자사전인 [康熙字典](1716)에 올라 있는 한자 자체에 기반을 두고 있다. 우리나라는 일본에서 부르는 "구자체"를 아직까지 사용하고 있으며, 이 글자는 중국에서도 예전에 사용하고 있던 한자들이 많다. 중국에서는 簡体字를 주로 사용하기 때문에, 한국과 중국 그리고 일본은 서로 조금씩 각기 다른 한자들을 사용하고 있는 것이다. 따라서 한국식의 한자표기는 일본인 관광객에게는 불편한 표기가 될 수도 있다.

많은 중·일문 안내판들은 영문표기와 병행되어 있으며, 구자체를 사용한 어휘의 경우는 일본인도 의미를 파악할 수는 있기 때문에 일본인 관광객들에게 그 내용을 알리는 데에는 큰 어려움이 없는 것이 사실이다. 하지만 관광객의 편의를 위해 그 나라 언어로 표기를 하고자 했다면, 조금 더 세심한 배려를 아끼지 말아야 할 것이다.

지금까지 살펴본 바와 같이 어휘상의 오용에서는 촉음과 요음을 크게 쓰거나 'ン'을 'ソ'로 'シ'를 'ツ'로 혼동하여 표기한 경우, 탁음, 반탁음의 그릇된 표기, カタカナ와 ひらがな의 혼용표기 등 단순한 글자 레벨의 표기 오류로부터, 한자 사용의 오류에 이르는 다양한 음절, 단어 레벨의 오류를 지적할 수 있다. 이것은 문 전체에 문법적인 오류로 작용할 수 있다. 또 문 레벨에서는 어법에 맞지 않는 경우뿐 아니라 단순한 글자 레벨의 문제가 문 전체의 이해를 방해하는 경우가 매우 많다.

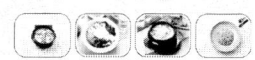

2) 음성·음운상의 오류

한국어의 일본어 표기는 일본어와는 다른 음운조직을 갖는 한국어음을, 일본어의 음운을 나타내기 위해 만들어진 가나문자로 표기하는 것임으로 어느 정도의 한계가 있음이 당연하다. 한국어를 가나문자로 표기하는 경우에 나타나는 문제점은 주로 양국 언어의 음운조직의 相異에서 비롯된다고 할 수 있다.

(1) 장음(長音)

한국어는 長短音이 거의 변별력을 가지지 못하지만, 일본어에서는 長短音 표기에 의해 의미가 달라지는데, 일본어에 대한 지식 없이 표기하는 일이 많은 식당의 메뉴판 등에는 長短音 표기의 오류가 상당히 눈에 띤다. 다음은 그 예이다.

a) 길게 발음하는 데서 오는 오류의 용례
- 비빔밥　　　　　　ビビムバアプ・ビビムバアプ
- 돌솥비빔밥　　　　石燒ビビンパー
- 파전　　　　　　　パアチオン
- 떡볶이　　　　　　トッポキー
- 비빔냉면　　　　　からいまぜレイーメン
- 해장국　　　　　　ヘジャングー
- 닭도리탕　　　　　ニワトリタアン

b) 짧게 발음하는 데서 오는 오류의 용례
- 커피　　　　　　　コヒ・ゴヒ → コーヒー
- 맥주　　　　　　　ビル・びる → ビール

(2) 탁음(濁音)

일본어를 처음 배우기 시작한 초보자가 단어에 있어서 가장 범하기 쉬운 오류는 濁音의 표기이다. 음식명의 표기에서도 이러한 오류가 많이 발견된다. 濁音을 포함한 용례는 다음과 같다.

- 해물파전   ヘム<u>バ</u>ジョン・ヘム<u>バ</u>ション・<u>ヂヂ</u>ミ・ヘム<u>バ</u>ショソ
- 파전   <u>ジジ</u>ミ・<u>じじみ</u>・<u>ちじみ</u>・<u>ぢぢみ</u>・<u>チジ</u>ミ
- 불고기   <u>ブ</u>ルゴギ・<u>ブ</u>ルコキ・<u>ブ</u>ルゴキ・<u>ブ</u>ルコギ
- 갈비   <u>ガ</u>ルビ・<u>ガ</u>ルビル
- 떡볶이   トッ<u>ボ</u>ツキ
- 갈비탕   <u>ガ</u>ルビスープ
- 닭도리탕   <u>タッド</u>リタン・<u>ダック</u>ドリダンダ・<u>ダク</u>ドリタン
- 순두부   スン<u>ドウ</u>ブチゲ・スン<u>ドウ</u>ブ・<u>おぼろどうふ</u>
- 커피   <u>ゴ</u>ヒ
- 두부김치   <u>ドゥ</u>フキムチ・<u>豆腐ギ</u>ムチ・<u>ドゥ</u>ブキムチ
- 김밥   キン<u>バ</u>ブ
- 돈가스   <u>どんかつ</u>
- 뚝배기불고기 トッ<u>ベ</u>ギ爐き<u>肉</u>
- 뚝배기   トッ<u>ベ</u>ギ
- 해장국   ヘジャン<u>グ</u>ー

다음 용례는 초성의 「ㅂ」이 탁음 「ブ，ビ」으로 표기된 경우이나 실제 초성 「ㅂ」은 파열이 강한 음이므로 반탁음 「ピ，プ」로 표기하여 실제 발음과 가깝게 하는 것이 좋다고 생각한다.
- 부대찌개   <u>ブ</u>デチゲ・<u>ブ</u>ダイチゲ
- 보쌈   <u>ボ</u>ッサム・<u>ボ</u>サム・<u>ボ</u>シン
- 비빔냉면   <u>ビ</u>ビン零面・<u>ビ</u>ビソ冷麺・<u>ビ</u>ビン冷麺・
              <u>ビ</u>ビンれいぬん・<u>ビ</u>ビンれいめん
- 빈대떡   <u>ビ</u>ンデトック
- 북어국   <u>ブ</u>ゴクッ・<u>ブ</u>コクック

(3) 반탁음(半濁音)

半濁音을 잘못 표기한 용례는 다음과 같다.
- 비빔밥   ピ<u>ピ</u>ンパ
- 돌솥비빔밥   トルソクピビムパ<u>プ</u>

- 낙지볶음　　　ナクチポックム
- 비빔냉면　　　ピピンれいめん
- 커피　　　　　コピー・コーピー
- 김밥　　　　　キムパプ・キンパプ
- 김치볶음밥　　キムチポックンパ・キムチポクムパツ

(4) 요음(拗音)

拗音은 한국인에게 있어서 생소한 개념의 표기 방법이다. 글자크기를 일정하게 쓰는 한국어와 달리 일본어 拗音은 우측하단에 작게 써야 하지만 이를 모르는 데서 오는 오용이 많다. 拗音을 잘못 표기한 예를 살펴보면 다음과 같다.

- 탕수육　　　　タンスユク / タンスウイユク
  탕수육의 경우, ユ를 ュ로 써야 한다.
- 삼겹살　　　　サムキュブサル
  삼겹살의 경우, ュ가 아니라 ョ로 써야 한다.
- 파전　　　　　パアチオン
  파전의 경우, オ가 아니라 ョ를 써야 맞다.
- 맥주　　　　　メッジュ
  맥주는 소리 나는 대로 쓰면 メッチュ로 표기하고, 일본어ビール를 병기해 주어야 한다.
- 만두　　　　　マンヅユウ
  '두'의 표기를 'ド'나 'ジュ'로 하여야 한다. 'ヅユ'는 존재하지 않는 표기이다.
- 계란찜　　　　ちせわん蒸
  'ちせ'는 'ちゃ'로 고쳐야 한다.

(5) 발음(撥音)

한국어 받침 'ㅁ, ㄴ, ㅇ'을 일본어로 표기할 때 쓰이는 撥音의 오용례를 살펴보면 다음과 같다.

- 돌솥비빔밥　　石鍋ビビッパプ
- 비빔밥　　　　ビビムパアブ

비빔에서 '빔'의 표기로 촉음은 오용이며, 'ム'나 'ン'으로 써야 한다. 하지만 비빔밥의 경우 'ン'의 표기로 정착되어 있으므로 撥音인 'ン'을 사용하는 것이 이해하기 쉽다.

아구탕　　　　　　アグ<u>チムタング</u>

'탕'의 표기로는 '<u>タン</u>'이 맞으며 '<u>グ</u>'는 불필요하다.

(6) 촉음(促音)

促音 역시 拗音이나 撥音과 마찬가지로 글자 레벨의 오류를 범하는 경우가 많다. 특히 シ와 닮아서 많이 바꿔 쓰는 경향을 보인다. 促音의 경우를 살펴보면 다음과 같다.

- 돌솥비빔밥　　　　石鍋ビビ<u>ッ</u>パプ

  돌솥비빔밥에서 ッ는 받침 ㅁ을 표기한 경우의 오류이다.

- 불고기　　　　　　プ<u>ツ</u>コギ

  불고기에서 쓰인 ツ는 ッ를 쓰려고 했던 것이라고 생각되나, 여기서는 ル를 써야 맞는 표현이 된다.

- 떡볶이　　　　ト<u>ツ</u>ポ<u>ツ</u>キ ト<u>ツ</u>ボ<u>ツ</u>キ

  떡볶이에 쓰인 ツ는 ッ로 써야 한다.

- 닭도리탕　　　　タ<u>ツ</u>クトリタン

  닭도리탕을 소리 나는 대로 쓰려고 한 것으로 보이는데, ツ가 아니라 <u>ッ</u>를 써야 할 것이다.

- 칼국수　　　　　カルウ<u>ツ</u>ワス

  칼국수에서도 ツ가 아니라 <u>ッ</u>를 써야 한다.

- 국밥　　　　　ク<u>ツ</u>パ<u>ツ</u>・ク<u>ツ</u>パ

  국밥에서 ツ는 <u>ッ</u>로, <u>ッ</u>는 プ로 바꾸어야 한다.

- 김밥　　　　　キンパ<u>ツ</u>

  김밥에서는 <u>ッ</u>가 아니라 ブ로 써야 한다.

- 돈가스　　　　トンカ<u>ツ</u>

  돈가스의 <u>ッ</u>는 ツ로 바꾸어야 한다. 또한 돈은 히라가나로 쓰는 것이 맞다.

- 육개장　　　　ユゲジャン

  육개장에서는 그다음에 <u>ッ</u>를 첨가한 ユ<u>ッ</u>ケジャン이 되어야 한다.

- 부대찌개　　　　ブデ<u>ツ</u>チゲ

  부대찌개의 '대'의 표기에서 촉음 표기는 불필요하다.

3) 문자표기상의 오류

(1) 히라가나와 가타카나의 혼용

- 비빔밥 　　　　ビビんパプ・ビビんパ
  비빔밥에서 다른 문자는 가타카나로 썼는데, 유독 ん만 히라가나로 쓰는 오용례이
  다. ん도 가타카나로 써야 할 것이다.
- 떡볶이 　　　　とッポキ
  떡볶이에서 다른 문자는 가타카나로 썼는데, と만 히라가나를 쓰는 것은 맞지 않
  다. と도 가타카나로 써야 한다.
- 찌개 　　　　チげ
  찌개에서도 チ나 げ 중 히라가나면 히라가나, 가타카나면 가타카나로 통일해야 한
  다. 그러나 이것은 외국어를 표기하는 것이므로 가타카나로 통일하는 것이 올바를
  것이다.
- 맥주 　　　　ビ l ル
  장음 표기가 잘못된 경우로, l가 아니라 ー로 써야 한다.
- 맥주 　　　　びる
  맥주의 발음은 '비이루'로, 가타카나로 써야 올바른 표기이고 두 문자 사이에 장
  음표기를 해야 맞다.
- 수정과 　　　　スジョンぐァ
  수정과에서는 ぐ를 제외한 나머지를 가타카나로 썼으므로, ぐ도 가타카나 グ로 써
  주어야 한다.
- 떡라면 　　　　もす入りうーメン・餅入りうーメン
  떡라면에서는 히라가나 う와 가타카나 ラ를 혼동하여 쓴 것으로, う가 아니라 ラ
  를 써야 한다.
- 삼겹살 　　　　センサンぎょル
  삼겹살인데, 생삼겹이라고 표기한 것도 잘못되었지만 생삼겹을 쓰려고 했다 해도,
  ぎょ만 히라가나로 표기한 것은 잘못되었다.

(2) ン→ソ로 오용

撥音 'ん'을 가타카나로 표기한 'ン'은, 'ソ'자와 비슷한 형태를 하고 있어 혼동하기 쉽다. 예는 다음과 같다.

- 비빔밥 　　　　　ビビ<u>ソ</u>パ
- 돌솥비빔밥 　　　石鍋ビビ<u>ソ</u>バ・石鍋ビビ<u>ソ</u>パ・いしやきビビ<u>ソ</u>パ
  　　　　　　　　　石燒ビビ<u>ソ</u>バ・石燒ビビ<u>ソ</u>パ・石鍋ビビ<u>ソ</u>バ・石鍋ビビ<u>ソ</u>パ
  　　　　　　　　　いしやきビビ<u>ソ</u>パ・石燒ビビ<u>ソ</u>バ・石燒ビビ<u>ソ</u>パ
- 순두부찌개 　　　ス<u>ソ</u>ドゥブチゲ
- 아구찜 　　　　　ア<u>ソ</u>コウムシ
- 냉면 　　　　　　ネ<u>ソ</u>メン
- 물냉면 　　　　　ムルネ<u>ソ</u>ミョ<u>ソ</u>
- 비빔냉면 　　　　ビビ<u>ソ</u>冷麺
- 해물파전 　　　　ヘムバショ<u>ソ</u>
- 설렁탕 　　　　　ソルロ<u>ソ</u>タ<u>ソ</u>・ソルロンタ<u>ソ</u>

언뜻 비슷하게 보일지 모르나, 'ン'와 'ソ'는 발음상 전혀 다른 표기이기 때문에 이런 메뉴표기를 써 놓아도 일본인들과 제대로 의사소통이 될지는 미지수이다. 다음 예시인 ツ와 シ도 같은 이유에서 오는 오용례이다.

(3) ツ→シ의 오용

비슷하게 보이는 가타카나 문자 중 ツ와 シ도 혼동하기 쉬운데, 예는 다음과 같다.

- 해장국 　　　　　ヘジヤング<u>シ</u>ク
  '국'을 표기하는 데 있어서 シ는 ッ의 오용이다.
- 탕수육 　　　　　タンスコ<u>シ</u>ク・タンスコ<u>ツ</u>ク
  탕수육에서 전자와 후자에서 각각 シ와 ツ를 ッ로 바꿔 써야 한다.
- 육회 　　　　　　ユ<u>シ</u>ケ
  육회에서 シ가 아니라 ッ를 써야 한다.
- 보쌈 　　　　　　ポ<u>シ</u>サム・ポ<u>ツ</u>サム
  보쌈에서 전자의 シ와 후자의 ツ는 모두 ッ로 써야 한다.

(4) ク→ワ의 오용

비슷하게 보이는 가타카나 문자 중 ク와 ワ도 혼동하기 쉬운데, 예는 다음과 같다.
- 만둣국　　　　　　マンドゥクツ<u>ワ</u>
- 떡국　　　　　　　ト<u>ワ</u>クツ<u>ワ</u>

(5) 가타카나와 한자 오용

한자와 가타카나를 혼동하여 쓴 경우나, 한자로 써야 뜻이 통하는데 가나로 표기한 경우가 있는데 예시는 아래와 같다.
- 파전　　　　　　　チヂ<u>三</u>
　파전의 경우, 한자의 三이 아니라 ミ를 써야 한다.
- 아구찜　　　　　　アンコウ<u>ムシ</u>
　아구찜의 경우, ムシ의 표현은 한자인 蒸し로 써야 그 뜻을 알 수 있다.

(6) 단순오용

- 갈비　　　　　　　カルビ<u>ル</u>・ガルビ<u>ル</u>
　갈비의 경우, 전자와 후자 모두 마지막의 ル는 불필요한 문자이다.
- 닭도리탕　　　　　ダックドリダン<u>ダ</u>
　닭도리탕에서의 ダ는 불필요하다.
- 김치볶음밥　　　　キムチポクムパツ
　김치볶음밥의 ツ는 ブ의 오용이다.
- 생삼겹　　　　　　センサンギョ<u>ル</u>・センサンぎょ<u>ル</u>・<u>サムキュブサル</u>
　첫 번째와 두 번째는 '겹'이라는 것을 표기하기 위한 받침으로 ル를 사용하였는데, 여기서는 ブ로 써야 할 것이다. 그리고 세 번째의 표현은 '삼겹살'을 나타내고 있기 때문에, 메뉴가 다른 표기가 되었다.
- 불고기　　　　　　ブル<u>ユ</u>ギ
　불고기에서 '고'를 표현하기 위한 수단으로 그를 썼는데, 이것은 가타카나 コ와 모양이 비슷하여 혼동한 것으로 판단된다.

- 탕수육　　　　　タンスコンク・タンスコシク・タンスコック

  탕수육의 경우는 '육'을 표기하기 위해서는 コン, コシ, コツ가 아니라 ユック라고 써야 할 것이다.

- 보쌈　　　　　　ボシン

  보쌈에서는 シ가 아니라, サ로 써야 한다.

- 갈비탕　　　　　カレビスープ

  갈비탕에서는 '갈'에 해당하는 표기로 カレ를 썼는데, カル라고 써야 한다.

- 냉면　　　　　　ネンション

  냉면에서는 '면'에 해당하는 말로 ション을 썼는데, ミョン을 써야 하고, 이 경우는 특히, 冷麵이라고 병기해 주는 것이 좋을 것이다.

- 칼국수　　　　　カルウツワス

  칼국수에서는 '국'에 해당하는 표기로 ウツワ로 썼는데, グッ라고 써야 한다.

- 육회　　　　　　韓國式さし・ョッケ

  육회에서는 '한국식 회'라는 의미로 표기하려고 한 것으로 보이나, '회'에 해당하는 말은 さしみ라고 해야 올바르고, 그 한자어인 刺身라고 쓰는 것이 더 일본인에게 쉽게 이해될 것이다. 또한 ョッケ는 ユッケ를 써야 한다.

- 두부김치　　　　ツウフキムチ

  두부김치에서 '두부'에 해당하는 말을 ツウフ라고 썼는데, トウフ라고 써야 올바르고, 豆腐라는 한자어를 함께 사용하는 것이 일본인들에게 더 쉽게 이해될 것이다.

- 국밥　　　　　　ダッパプ・タッパブ

  국밥에서는 '국'에 해당하는 말을 전자는 ダッ, 후자는 タッ라고 썼는데, クッ으로 써야 할 것이다. 이것은 '국밥'을 '덮밥'으로 잘못 표기했을 수도 있고, 가타카나 문자 'タ'와 'ク'를 혼동하여 잘못 쓴 경우일 수도 있을 것이다.

- 김밥　　　　　　のりまま

  김밥은 のりまま가 아닌, のりまき가 되어야 할 것이고, 한자어를 섞은 のり巻き가 일본인들에겐 더 익숙하다.

- 김치볶음밥　　　キムチピラワ・キムチピラブ

  김치볶음밥에서는 '볶음밥'에 해당하는 말이 전자는 ピラワ, 후자는 ピラブ라고 표기되어 있는데, ピラフ라고 해야 올바르다.

- 감자전　　　　　カムザゾン・カムヂアヂオン

  감자전에서는 소리 나는 대로 표기한 것이라고 생각되는데, 전자의 ゾン은 ジョン

으로, ア는 불필요한 문자표기이고, 그 뒤 ヂオン은 ジョン으로 바꾸어야 할 것이다. 그러나 일본인에게 좀 더 알기 쉽게 표기한다면, じゃが芋のチヂミ 정도로 써야 할 것이다.

• 뚝배기　　　　ト ク パ キ · ト ク バ キ

뚝배기는 '배'의 표기를 전자는 パ, 후자는 バ로 했는데, 이것을 ペ로 바꾸어야 할 것이다.

• 김치전　　　　キ ム チ チョン

김치전은 앞의 감자전에서와 마찬가지로 '전'에 해당하는 말을 ジョン으로 쓰고 일본인들이 잘 알고 있는 말인, チヂミ도 병기하면 좋을 것이다.

• 파전　　　　パ ア チ オン

파전에서는 '전'에 해당하는 말을 ジョン으로 쓰고, 이미 '전'에 해당하는 말이 チヂミ라는 단어로 알려져 있으므로 ねぎのチヂミ로 병기하여 쓰는 것이 더 알기 쉬울 것이다.

4) 문법 · 표현의 오류

① いろいろなはんをやすくほってあげます

위의 예문은 '해드린다'는 의미로 'てあげます'를 쓰고 있지만, あげますと 선심을 쓰는 듯한 뉘앙스를 풍길 수 있으므로 경의를 높여서 'さしあげます' 정도로 쓴다면 더 좋을 것이다.

② いらさいきせ

이 경우는 관용어적 표현, 즉 인사말을 잘못 적은 경우로, 'いらっしゃいませ'의 촉음이 빠지고 'しゃ'는 'さ'로, 'ま'가 'き'로 잘못 표기되었다. 이런 글자상의 오류

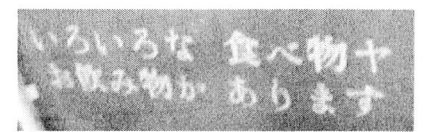

가 곧 문법적인 것으로 이어지는 예는 많이 있다. 다음의 예도 그중 하나이다.

③ いろいろな食べ物やお飲み物かあります

가타카나 'ヤ'는 히라가나의 'や'로 고쳐야 한다. 이 문장에서는 특히 'お飲み物か'의 'か' 등

이 잘못 적혀 있는데 'か'가 아니라 주격조사 'が'로 써야 한다.

④ ファロヨンだけではないと 味れえない味付牛肉燒きの味を經驗してみませんか。

ファロヨン だけでは ないと 味れえない 味付牛肉燒
味を 經驗して 見ませんか。

이 문구에서는 화로욘이라는 가게에서만 맛볼 수 있는 양념소고기, 즉 '~だけの味,
味付牛肉燒き'라는 의미의 선전 문구인 것으로 보이는데, だけではないと라는 표현이
어색하고, '味わえない'를 '味れえない'로 잘못 표기하였다. '이곳이 아니면'이라는 이미
지를 살리고 싶었다면 '~でないと味わえない'로 표현하는 것이 옳다.

⑤ 旅達人 にっぽん樣のサポート

旅達人
にっぽん樣 のサポート

이 예문은 다음과 같이 명확한 표현으로 바꾸는 것이 좋다.
→ 旅達人(が)にっぽんの皆樣をサポート

⑥ 一度で３個月そのます

(一度で 31固月 そのまt)

→ 一度で三ヶ月そのまま(一度で３ヶ月そのまま)
이 예문은 '도'의 한자가 잘못되었을 뿐만 아니라 조수사의 표기법이 혼용되어 있다.

⑦ 莘世な出いがある名所 ～でおいしい旅に出で下さい

間 莘世な 出いが ある 名所
～で おいしい 旅に 出で下さい

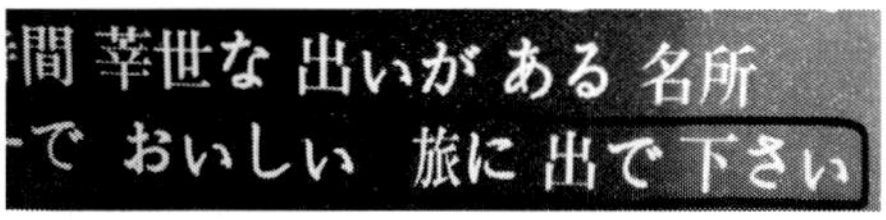

→ 幸せな出会いがある名所 ～でおいしい旅に出て下さい
이 예문은 제과점의 안내문의 일부이다. 문장의 오류 이외에 일본어 표기법에서 중요

한 마침표가 전혀 쓰이지 않은 예이다.

⑧ 最初の始發者 → 初めての考案者(最初の創案者)

名であり 元祖です.
最初の始發者の料理味と現地
安東材料を
直接供給して辛くてあまい元祖
の味をおべください.

味をおべください。 → 味わってください。

'최초의 시발자'는 말은 한국어로도 일본어로도 어색한 표현이므로 '최초의 고안자: 初めての考案者(最初の創案者)'라는 표현으로 바꾸어 주는 것이 바람직하다. 또한 'お たべください'에서 'た'가 빠졌을 뿐더러 대우표현으로 적당하지 않다. 元祖를 강조하며 お比べください로 쓴 것이라면 比를 넣어야 한다.

⑨ おとうさんのプレゼントでいいです

이 표현은 아버지가 선물을 하는 것인지 받는 것인지가 불분명하므로 다음과 같이 표현하는 것이 자연스럽다.

→ おとうさんへのプレゼントにどうぞ

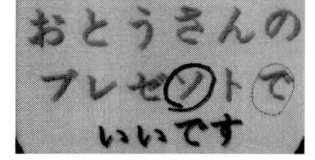

⑩ 思う存分、ショッピングをしんで下さい。(죽어주세요)

→ 思う存分、ショッピングを樂しんで下さい。(즐겨주세요)

dodo clubは、
1,000種類の質の良い化粧品が
1,000ウォンから9,900ウォンまで
取り揃えています。
思う存分、ショッピングを しんで下さい。

여행에서 쇼핑은 중요한 요소이지만, 즐기지도 못하고 죽을 수는 없지 않은가. 꼭 고쳐지길 바라는 예문이다.

실태조사 분석 * 81

⑪ いるところまで送てあげます。　

　　우선 'いるところ'는 존경어도 겸양어도 아니므로 상업성 문구에 어울리지도 않을 뿐 아니라, 우스꽝스럽게까지 보일 수도 있다. 또 '送てあげます'는 送って의 음편형도 틀려 있다. 다음과 같은 형식으로 수정하는 것이 자연스럽다.

　　→　ご指定の所までお届けします。

⑫ ４～５日間常温保管が可能 → ４～５日間常温保存可能

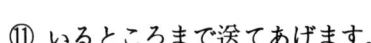

4~5日間 常温保管が 可能
お待ち帰り 出来ます
(日本など OK!)

　　음식의 유통 기한을 표현할 경우에는 '보관'이 아니라 '보존'이라 한다. 그리고 표어형의 짧은 문구로 쓰는 것이라면 조사 'が'는 생략하는 것이 좋고, 길게 문장형으로 쓴다면 '可能です' 등으로 완결된 문장으로 하는 것이 좋겠다.

⑬ 日本語がOKな店　　￥拂いがOKな店　　日本語がOKな店
→ 日本語オーケー。　　円拂いオーケー。　　￥払いがOKな店

　　이런 예문은 관광객에게 색다른 즐거움을 주는 표기일지도 모르겠다. OK는 보통 オーケー로 표기되며 감탄사 또는 명사나 동사의 용법이 있지만 な형용사로는 아직 활용되지 않는다.

IV

일본어 표기에 관한 의식조사

1. 일본어 표기에 관한 일본인의 의식조사

본 조사는 96명의 일본인을 대상으로 한 설문조사이다. 조사 시기는 2007년 3월이며, 서울 지역의 일본인을 대상으로 하여 질문지를 배포한 후 회수하는 방법으로 진행하였다. 내한 목적에 따라, 관광객과 유학생, 그 밖에 비즈니스 및 기타로 분류하였는데, 이 중 관광객이 54명, 유학생이 36명, 비즈니스 및 기타 목적이 6명으로 집계되었다. 체재 기간별로는 체재 기간 1주일 이내가 57명, 체재 기간 6개월 이내가 13명, 1년 이상의 장기 체류자가 26명이었다.

(1) 관광객

설문 대상자 중 관광객은 모두 체제 기간 1주일 이내의 단기 체류자이다. 관광객의 연령대는, 20대가 26명, 30대가 11명, 40대가 12명, 50대가 5명이었다. 직업은 학생이 14명, 회사원이 22명, 주부가 4명, 파트타이머가 4명, 기타 7명으로 집계되었으며, 나머지 3명은 응답하지 않았다(기타 7명의 직업은 각각 간호사(2), 의사(1), 대학원직원(1), 영리단체 직원(1), 병원직원(1), 치과위생사(1)).

연령	20대	30대	40대	50대
인원수	26	11	12	5

직업	학생	회사원	주부	파트타이머	기타	응답 없음
인원수	14	22	4	4	7	3

설문항목은 첫째, 일본어 표기는 충분하다고 생각하는가, 둘째, 충분하지 않다면 어떤

곳이 더 보완되어야 한다고 생각하는가(복수 응답 가능), 셋째, 일본어 표기의 실태에 대해 어떻게 생각하는가, 넷째 일본어 표기에 문제점이 있다면 무엇이라고 생각하는가 (복수 응답 가능)의 네 가지 항목이었다.

첫 번째, **관광객 중 일본어의 표기가 충분하다**고 생각한 사람이 10명, 조금 부족하다고 생각한 사람이 35명, 많이 부족하다고 답한 사람이 9명이었다.

〈설문 1〉

일본어 표기	충분하다	조금부족하다	많이 부족하다
인원수	10	35	9

두 번째, **충분하지 않다면 어떤 곳이 보완되어야 한다고 생각하는가**(복수응답 可) 하는 항목에는 관공서 8명, 관광시설이 27명, 음식점이 16명, 상점 7명, 기타 17명으로 집계되었다.(기타: 지하철(교통시설)(14), 도로(1), 건물(1), ATM기(1); 기타로 분류된 교통시설을 포함한 지하철 내의 표기가 부족하다는 점은 큰 문제점으로 지적되고 있다.)

〈설문 2〉

장소	관공서	관광시설	음식점	상점	기타
인원수	8	27	16	7	17

세 번째, **일본어 표기의 실태에 대해서 어떻게 생각하는가** 하는 문제에 대해서는 거의 바르다가 26명, 잘못된 곳이 조금 있다가 26명, 잘못된 곳이 많다가 2명이었다.

〈설문 3〉

실태	거의 바르다	잘못된 곳이 조금 있다	잘못된 곳이 많다
인원수	26	26	2

네 번째, **일본어 표기의 문제점이 뭐라고 생각하는가(복수응답 가)**에 대해서는 표기의 통일성이 없다가 8명, 오자 탈자가 많다가 30명, 설명이 어렵다가 7명, 글자체가 이상하다가 3명, 기타(잘 모름 3명, 품격 없는 일본어 1명, 일본어 교육부족 2명, 양이 적음 2명)가 8명으로 집계되었다.

〈설문 4〉

문제점	표기의 통일성이 없다	오자·탈자가 많다	설명이 어렵다	글자체가 이상하다	기타
인원수	8	30	7	3	8

이 중, 통일성이 없다는 점과, 특히 오탈자가 많다 쪽에 비율이 매우 높은데, 이 점은 한국의 일본어 표기의 실태조사와 일치하는 지적으로 심각성을 말해 준다.

(2) 유학생 및 비즈니스, 기타

설문 대상자 중 유학생 및 비즈니스, 기타로 분류된 인원은 42명으로, 비즈니스와 기타는 그 인원이 적어(6명) 체류 기간이 길 것으로 예상되는 유학생 쪽으로 묶어 분류하기로 한다. 이하, 약하여 유학생 등이라고 표기하기로 한다. 유학생 등의 연령대는, 20대가 35명, 30대가 5명으로 인원층이 20대에 집중되어 있고, 40대, 50대는 없었다. 직업은 학생이 33명, 주부 1명, 파트타이머 1명, 무직 1명, 회사원이 3명, 전문직이 3명이었다. 설문항목은 관광객의 경우와 동일하다.

첫 번째, **유학생 중 일본어의 표기가 충분하다**고 생각한 사람은 14명, 조금 부족하다고 생각한 사람이 22명, 많이 부족하다고 답한 사람이 6명이었다.

〈설문 5〉

일본어 표기	충분하다	조금부족하다	많이 부족하다
인원수	14	22	6

두 번째, **충분하지 않다면 어떤 곳이 보완되어야 한다고 생각하는가(복수응답 가)** 하는 항목에는 관공서 9명, 관광시설이 10명, 음식점이 10명, 상점 9명, 기타 1명으로 집계되었다.(기타: 역)

〈설문 6〉

장소	관공서	관광시설	음식점	상점	기타
인원수	9	10	10	9	1

세 번째, **일본어 표기의 실태에 대해서 어떻게 생각하는가** 하는 문제에 대해서는 거의 바르다가 10명, 잘못된 곳이 조금 있다가 23명, 잘못된 곳이 많다가 9명이었다.

〈설문 7〉

정도	거의 바르다	잘못된 곳이 조금있다	잘못된 곳이 많다
인원수	10	23	9

나쁜 것을 정면에서 나쁘다고 표현하지 않는 일본인들의 언어적 특성을 고려할 때, 조금 부족하다와 잘못된 곳이 많다의 비율은, 실제로 높게 보는 것이 타당하다고 본다.

네 번째, **일본어 표기의 문제점이 뭐라고 생각하는가(복수응답 가)**에 대해서는 표기의 통일성이 없다가 5명, 오자 탈자가 많다가 34명, 설명이 어렵다가 2명, 글자체가 이상하다가 14명, 기타(경어가 이상하다(1), 바른 일본어를 쓰지 않는다(1), 외래어 표기 시 한국발음 그대로 표기해 의미를 모르겠다(1), 무응답(2)) 5명으로 집계되었다.

〈설문 8〉

문제점	표기의 통일성이 없다	오자·탈자가 많다	설명이 어렵다	글자체가 이상하다	기타
인원수	5	34	2	14	5

통일성이 없다와 오탈자가 많다 쪽에 비율이 관광객보다 훨씬 높은데, 그들이 장기 체류 경험상으로 많은 불편을 겪었다는 점을 인식해야 할 것이다.

체재 기간에 따른 분류는, 내한 목적에 따른 분류와 차이가 근소하므로 여기에는 표시하지 않기로 한다.

2. 음식점업주의 의식조사

많은 상점, 음식점에서 일본어 표기의 간판을 볼 수 있었고 그 숫자만큼 많은 양의

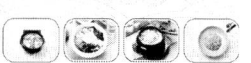

오용례를 찾았다 해도 과언이 아니다. 일본인과의 의사소통을 위해서 메뉴판이 어떤 방법으로 어떻게 제작되었는지 실태를 파악하기 위하여 다섯 가지 항목을 음식점 업주를 대상으로 설문지 조사를 실시하였다.

첫째, 일본어 표기가 바르다고 생각하는가라는 항목에서는 22명 중 14명이 틀린 것이 있다고 답하였고 수정의사를 묻는 항목에서는 고객 요구 시 수정하겠다는 사람이 11명, '관심 없다'와 고치지 않는다는 대답이 10명이나 되었다.

이에 대하여 틀린 표기에 관하여 인지하고 있음에도 수정의사를 가지고 있지 않은 응답자가 반수에 이른다. 그 이유는 아마도 일본어 표기 후 고객 수가 늘었지만 일본어 표기에 관한 수정요구를 들은 적이 없다(16명)고 답한 항목과 관계가 있을 것이다. 일본어 자문을 구한 곳에서는 본인이나 지인, 가족 중에 일본어 가능자가 있다는 답을 한 사람이 12명이었다. 이 결과를 미루어 생각해 볼 때, 일본어 표기의 오용례가 많아지는 원인은, 우리나라의 일본어 학습인구가 많다는 사실, 그 반면에 학습 기간이 짧고 일본어가 능숙한 학습자는 그 수가 적다는 사실 등일 것으로 생각된다. 이 항목에서 기타의 9명을 인터뷰한 결과 경쟁 업소의 메뉴판을 모방한다는 사실을 알 수 있었다. 이것은 매우 중요한 단서를 제공하였는데, 즉 잘못된 표기가 다른 업소에 의해 확대, 재생산되는 구조를 가지고 있다는 것이다. 일본어를 모르거나 일본어 자문을 구하기 어려운 업자들이 좀 더 쉽게 정확한 일본어 표기의 메뉴판을 제작할 수 있도록 지원하는 대책이 시급하다.

다음은 설문조사 결과이다.

● 일본어 간판 표기에 대한 설문조사

대상: 명동 지역 음식점업주, 22명

시기: 2006년 5월

1. 현재 일본어 표기가 바르다고 생각합니까?

올바르다	몇 군데 틀렸다	많이 틀렸다	모르겠다
1	14	0	7

2. 일본어 자문 구한 곳

직접공부	가족 및 친척	일본어 가능 지인	일본어 전문가	기타
3	2	7	1	9

3-1. 일본어 표기 후 고객 수

많이 늘었다	조금 늘었다	그대로다	줄었다	많이 줄었다
2	11	8	1	0

3-2. 일본어 수정요구

자주 듣는다	가끔 듣는다	몇 번 듣는다	들은 적 없다	상관없다
0	1	4	16	2

4. 일본어 학습기간

1년 이상	6개월 이상	한 달 이상	한 달 이하	인사말 정도
0	0	4	2	16

5. 수정의사

고치겠다	고객요구 시 고침	관심 없다	고치지 않음	기타
1	11	8	2	0

V

한일양국의 표기법

문자는 입에서 발화되는 음성언어를 기호화하여 기록하고 고정화시키는 시스템이다. 그러므로 문자는 입에서 나오는 말과 대응관계에 있어야 하는 것이 필수 조건이다. 문자화에 의해서 인간은 언어 정보를 시간이나 공간을 초월하여 전달하거나 전승할 수가 있는 것이다. 표기가 이 문자를 평면적으로 기록, 전달하는 것이라고 본다면, 어떠한 규칙에 따라 쓸 것인지를 정한 것이 표기법이라 할 수 있다. 음성언어를 시각적인 형태로 나타내려면 그것을 가능하게 하는 문자나 부호 그것에 의미를 부여하는 규칙이 필요하다. 표기법에서는 ①문자체계 ②표기규칙 ③표기단위에 관한 사항을 알지 않으면 안 된다. 일본어의 경우라면, 문자와 의미와의 대응에 관한 법칙, 가나철자법, 표기 부호의 사용법 등이 그에 해당하겠다.

본장에서는 한일 양국의 표기법 중에서 본론과 관련된 표기법에 대해 살펴보기로 한다.

1. 일본의 표기법

梅田博之(1987)[18]는 韓國語의 가타카나 표기에 관하여 다음과 같이 언급하고 있다.

　日本語の文脈の中での韓国語の片仮名表記は、日本語の文として表記するものであり、かつ韓国語学習から離れて日本人一般が使用するものであるから、あくまでも日本語の正書法の範囲内で表記するべきものである。

　일본어 문맥 중의 한국어의 가타카나 표기는 일본어문으로서 표기하는 것이며, 또한 한국어학습과 관련 없이 일본인 일반이 사용하는 것이니까, 어디까지나 일본어정서법의 범위

---

18) 梅田博之, 「韓国語片仮名表記」, 『講座日本語と日本語教育 9. 日本語の文字・表記(下)』, 明治書院, 1987.

안에서 표기해야만 한다.

이 책에서도 일본어의 正書法의 범위 내에서 발음표기 하는 것을 지향하고 있다. 구체적으로 일본의 표기법을 살펴보자.

일본어에서는 漢字, 히라가나(平仮名), 가타카나(片仮名), 로마자의 4가지의 문자가 표기에 사용된다. 표기의 가장 기본법칙은 한자와 히라가나를 섞어 쓰는 것이다. 한자는 表意文字의 특성을 나타내고 히라가나는 表音文字의 특성을 나타내는 세계적으로 특이한 표기체계라 할 수 있다. 각 문자의 역할은 각 문자의 기능에서 정해지고 구분된다. 한자를 사용함으로써 오는 이점은 의미, 뉘앙스를 보다 세분화하여 나타낼 수 있고, 히라가나는 활용어미, 조사, 조동사 등에 쓰이므로 문절단위의 의미 파악이 용이하여 띄어 쓰기를 하지 않아도 좋은 것이다. 히라가나, 한자, 가타카나의 기능과 용법에 대해 살펴보고자 한다.

1) 히라가나

히라가나의 명칭은 에도(江戸)시대(1603~1867)가 되면서 쓰이기 시작했는데, 정식이 아닌 약식의 문자라는 의미이다. 헤이안(平安)시대(974~1192)에는, 정식문자는 한자였으며, 히라가나의 발달은 만요가나(万葉仮名)를 기초로 하여 그 초서체가 간략화되어 성립되었다. 히라가나는 주로 여성 사이에서 쓰였으나 남성도 「和歌」 등에서 쓰게 되어 점차적으로 공적인 문자로서 지위를 얻게 되었다.

현재 사용하고 있는 히라가나의 표기는 1986년 7월 1일 「現代かなづかい(현대가나철자법)」이 내각 고시되어 이 기준에 의한 것이다. 清音이 46자이고, 特殊音인 「ん(撥音)」과 濁音 20자, 半濁音 5자 및 拗音 36자와 促音「っ」이 사용된다. 또한 長音이 의미의 변별요소이며 표기는 모음 「あ, い, う, え, お」를 사용하여 나타낸다.

표6-1. 〈淸音을 나타내는 히라가나〉

		ア列	イ列	ウ列	エ列	オ列
あ行		あ	い	う	え	お
か行		か	き	く	け	こ
さ行		さ	し	す	せ	そ
た行		た	ち	つ	て	と
な行		な	に	ぬ	ね	の
は行		は	ひ	ふ	へ	ほ
ま行		ま	み	む	め	も
や行		や		ゆ		よ
ら行		ら	り	る	れ	ろ
わ行		わ				を
撥音				ん		

표6-2. 〈濁音, 半濁音을 나타내는 히라가나〉

		ア列	イ列	ウ列	エ列	オ列
濁音						
が行		が	ぎ	ぐ	げ	ご
ざ行		ざ	じ	ず	ぜ	ぞ
だ行		だ	ぢ	づ	で	ど
ば行		ば	び	ぶ	べ	ぼ
半濁音		ぱ	ぴ	ぷ	ぺ	ぽ

표6-3. 〈拗音을 나타내는 히라가나〉

ア列	ウ列	オ列		ア列	ウ列	オ列
きゃ	きゅ	きょ		ぎゃ	ぎゅ	ぎょ
しゃ	しゅ	しょ		じゃ	じゅ	じょ
ちゃ	ちゅ	ちょ		(ぢゃ)	(ぢゅ)	(ぢょ)
にゃ	にゅ	にょ		びゃ	びゅ	びょ
ひゃ	ひゅ	ひょ				
みゃ	みゅ	みょ		ぴゃ	ぴゅ	ぴょ
りゃ	りゅ	りょ				

(注) 「や·ゆ·よ」는 우측하단에 작게 쓴다.

현대일본어음에 대응하는 표기는 다음과 같이 정리된다.

① 直音－五十音図에서 「ん」을 제외한 가나에 대응하는 음.

　〈표 6-1〉 참조

② 撥音－「ん」으로 표기하는 음. 〈표 6-1〉 참조

③ 濁音·半濁音－「゛」「゜」을 붙여서 나타내는 음. 〈표 6-2〉 참조

④ 拗音－작은 「ゃ, ゅ, ょ」로 나타내는 음. 〈표 6-3〉 참조

⑤ 促音－작은 「っ」로 나타내는 음.

⑥ 長音－한 음절 길이만큼 길게 발음하는 음.

• ア열의 장음 / ア열 가나에 「あ」를 첨가한다. 예 おかあさん

• イ열의 장음 / イ열 가나에 「い」를 첨가한다. 예 おにいさん

• ウ열의 장음 / ウ열 가나에 「う」를 첨가한다. 예 ふうふ

• エ열의 장음 /「エー」든지 「エイ, ケイ」로 발음되든지 상관없이, エ열 가나에 「イ」를 첨가한다. 예 かれい, とけい(例外)おねえさん

• オ열의 장음 / オ열의 가나에 「う」를 첨가한다. 예 おとうさん

　ほのお, おおきい 등은 예외로서, 구철자법에서 「ほ」나 「を」로 표기되던 것을 구별하기 위함이다.

다음의 표는 현대 가나 철자법의 요지를 정리한 것이다.

　이 표는 「現代仮名遣いの用法」(昭和61年7月1日内閣告示)의 요지를 정리한 것으로, 일반 사회생활에 있어서 현대의 일본어를 표기하기 위한 가나 사용법을 나타낸 것이다.

　(고유명사, 방언, 외래어 표기는 제외)

표7.〈현대 가나 철자법의 용법〉

		요령(要領)		용 례
원칙	① 직음(直音)	·현대어의 음운에 따라서, 발음대로 쓴다.		あさひ(朝日) もみじ(紅葉) せいがくか(声樂家)
	② 요음(拗音)	·「や, ゅ, ょ」는 작게 쓴다.		しゃしゅ(車種) かいじょ(解除)
	③ 발음(撥音)	·「ん」이라고 쓴다.		まなんで(学んで) しんねん(新年)
	④ 촉음(促音)	·「つ」는 작게 쓴다.		はしって(走って) かっき(活気) がっこう(学校)
	⑤ 장음(長音)	·각각의 모음을 나타내는 가나를 쓰는데, 'オ'열 장음은 「う」라고 쓴다.	'ア'열	おかあさん
			'イ'열	にいさん おじいさん
			'ウ'열	ふうふ(夫婦)
			'エ'열	ねえさん ええ(応答)
			'オ'열	おとうさん いもうと おうぎ(扇)とう(塔)
특례	① を	·조사 「を」는 「を」라고 쓴다.		本を読む 岩をも通す やむをえない
	② は	·조사 「は」는 「は」라고 쓴다.		今日は日曜日です 山では雪が降りましたあるいは または 恐らくは こんにちは
		〈주의〉·이 예에 부합하지 않는 것		いまわの際 きれいだわ(終助詞)
	③ へ	·조사 「へ」는 「へ」라고 쓴다.		故郷へ帰る ……さんへ 駅へは数分で行ける
	④ いう	·동사 「いう」는 「いう」라고 쓴다.		ものをいう(言う) どういうふうに
	⑤ 「ぢ」「づ」를 사용하여 쓰는 것	·동음이 연달아 나옴에 따라 생긴 「ぢ」「づ」	ぢ	ちぢみ(縮み)ちぢむ ちぢれる ちぢこまる
			づ	つづみ(鼓)つづら つづく(続)つづる
		〈주의〉·이 예에 부합하지 않는 것		いちじく いちじるしい
		·두 단어의 통합으로 생긴 「ぢ」「づ」	ぢ	はなぢ(鼻血) そえぢ(添乳) ちかぢか(近々)
			づ	たづな(手綱) こづつみ(小包)

V
한일 양국의 표기법 ＊
97

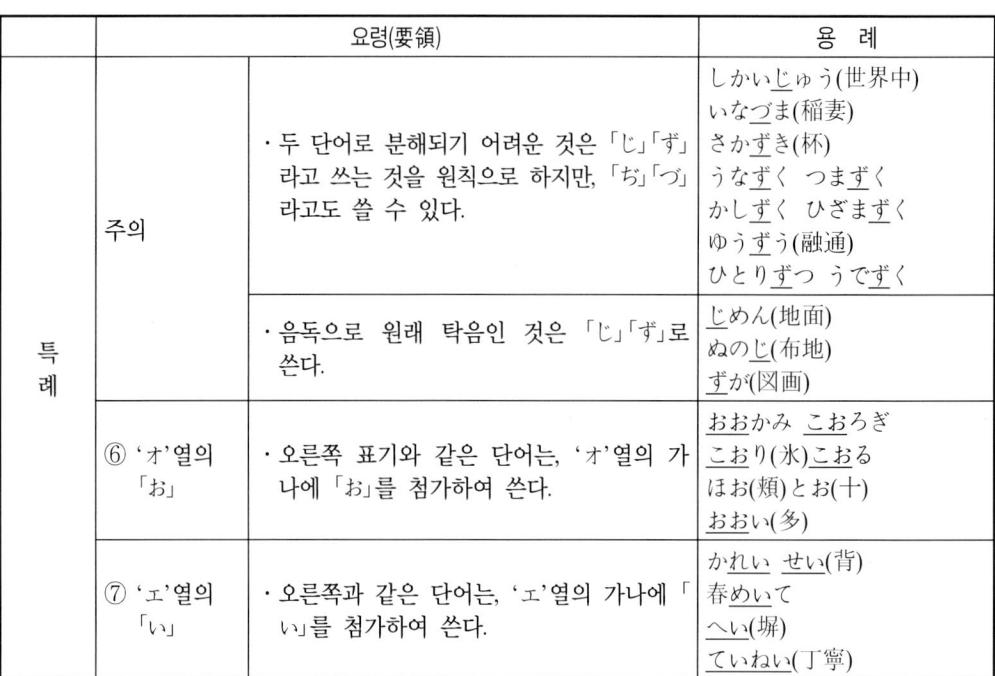

		요령(要領)	용 례
특례	주의	· 두 단어로 분해되기 어려운 것은 「じ」「ず」라고 쓰는 것을 원칙으로 하지만, 「ぢ」「づ」라고도 쓸 수 있다.	しかいじゅう(世界中) いなづま(稲妻) さかずき(杯) うなずく つまずく かしずく ひざまずく ゆうずう(融通) ひとりずつ うでずく
		· 음독으로 원래 탁음인 것은 「じ」「ず」로 쓴다.	じめん(地面) ぬのじ(布地) ずが(図画)
	⑥ 'オ'열의 「お」	· 오른쪽 표기와 같은 단어는, 'オ'열의 가나에 「お」를 첨가하여 쓴다.	おおかみ こおろぎ こおり(氷) こおる ほお(頬) とお(十) おおい(多)
	⑦ 'エ'열의 「い」	· 오른쪽과 같은 단어는, 'エ'열의 가나에 「い」를 첨가하여 쓴다.	かれい せい(背) 春めいて へい(塀) ていねい(丁寧)

2) 가타카나

가타카나(片仮名)는 나라(奈良)시대(710-784)로부터 주로 文書나 訓点에 사용된 「万葉仮名」의 약체, 楷書体의 자획의 일부분을 따서 平安時代에 성립되었다. 학승이 불교 경전이나 한문훈독을 위해서 훈의 기입, 사전의 주석이나 주해를 행간에 기입하는 데 쓰였던 것이다. 그 때문에 좁은 행간에 써 넣을 수 있도록 대부분은 간략하게 한자의 부수의 일부분을 취하거나 약식의 기호처럼 쓰인 것이다. 히라가나와 마찬가지로 하나의 음에 대해 여러 가지 「字体」가 있었으나 江戸時代 초기에 오늘날과 같은 「字体」로 통일되고 확정된 것은 1900년 교과서용의 「字体」가 결정되면서부터이다. 가타카나는 주로 의성어·의태어나 외국의 지명, 인명을 표기하는 데 아래와 같다.

〈가타카나의 표기〉
① 외래어나 외국어
② 외국의 지명이나 인명
③ 학술용어나 전문용어, 병명 등

④ 동물명이나 식물명, 도구류명 등

⑤ 의성어, 의태어

⑥ 속어, 은어, 특수한 의미를 나타내는 말

⑦ 읽기 쉽게 하거나, 눈에 띄게 하거나, 특별한 의미를 강조하거나 한다.

⑧ 전보문, 사무서류의 주소나 받는 이의 이름

⑨ 회사명이나 상품명

⑩ 발음부호로써 음이나 소리를 나타낸다.

3) 漢字

현대 일본어를 표기하기 위해 일상적으로 사용하는 한자를 정한 것은 「常用漢字」라 하며 이것은 1981년 10월 1일 내각 고시되었다. 이 표는 「本表」와 「付表」가 있고 「本表」에는 1945자의 한자와 읽는 법(음훈)과 용례가 실려 있으며 문장의 표기는 이 표에 있는 것은 한자로, 그 외는 히라가나로 쓴다. 다만, 이 표는 일반 사회생활에서 사용하는 한자의 기준으로, 과학, 기술, 예술 등의 전문 분야나 개인의 표기까지 구속하는 것은 아니다.

현대 일본의 한자는 名詞, 動詞, 形容詞, 形容動詞, 副詞, 連体詞, 즉 自立語의 개념을 나타내는 부분의 표기에 쓰인다. 그러나 개념을 나타내는 모든 부분이 한자로 표기되는 것은 아니고 「常用漢字表」의 音과 訓에 의해서 몇 가지의 규칙이 만들어졌다. 예를 들면 代名詞, 副詞, 連体詞는 원칙적으로는 한자로 쓰지만 接尾語, 接続詞, 助動詞, 助詞는 히라가나로 쓴다.

여기서 우리가 주의하여야 할 점은 일본어한자의 「字体」이다. 한국의 한자를 「正字」라 한다면 일본의 한자는 약자가 「新字体」로 채용되었다. 비교하면 아래의 예와 같다.

正字(旧字体)	略字(新字体)
學	学
驛	駅
來	来
萬	万
國	国

따라서 한일 양국이 같은 한자권이라 해도 일본어 표기에 사용되는 한자는 「常用漢字表」의 「字体」에 나와 있는 것을 기준으로 하지 않으면 안 되는 것이다.

표8. 〈常用漢字表〉 本表－ア

漢 字	音 訓	・例
亜(亞)	ア	亜流、亜麻、亜熱帯
哀	アイ	哀愁、哀願、悲哀
	あわれ	哀れ、哀れな話、哀れがる
	あわれむ	哀れむ、哀れみ
愛	アイ	愛情、愛読、恋愛
悪(惡)	アク	悪事、悪意、醜悪
	オ	悪寒、好悪、憎悪
	わるい	悪い、悪さ、悪者
握	アク	握手、握力、掌握
	にぎる	握る、握り、一握り
圧(壓)	アツ	圧力、圧迫、気圧
扱	あつかう	扱う、扱い、客扱い
安	アン	安全、安価、不安
	やすい	安い、安らかだ
案	アン	案文、案内、新案
暗	アン	暗示、暗愚、明暗
	くらい	暗い、暗がり

위 표는 字音에 의한 50음도 순서로 배열되었으며 ( ) 안의 한자는 강희자전(康熙字典)의 「字体」를 표시한 것이다. 자음은 가타카나로 字訓은 히라가나로 나타냈다.

4) 외래어

한일 간의 문화적 교류는 더욱 왕성해져서 일본인이 직접 한국의 문화나 언어에 접할 기회도 증가하고 있다. 그런 이유로 한국어를 원어로 하는 외래어도 증가하고 또한 한국어의 원음과 가깝게 하려는 외래어 표기의 변화도 보인다.

「비빔밥」의 다양한 표기는 그 변화의 모습을 단적으로 보여주는 좋은 예이다. 「비빔

밥」은 전에는 주로 「ビビンバ」로 표기되었지만, 최근에는 원어의 발음에 가까운 「ビビ
ンパ」로 표기하는 경향이 생겼다. 「비빔밥」의 음가를 보면 원음에 보다 가까운 표기로
는 ビビンパッ 또는 ビビンパップ, ビビンパブ, ビビンパブ 등을 생각할 수 있고 「ビビ
ンパ」도 이 계열에 속한다고 볼 수 있다.

한국어가 어원인 외래어인 경우, 종성의 「ㅁ」은 「ム」로 표기되는 일이 많고, 유성음,
무성음이 대립이 없는 한국어를 표기하는 데 있어서 청음표기를 할지 탁음 표기를 할지
선택의 어려움이 따른다.(「비빔밥」의 초성 「ㅂ」을 「ピ」로 할지 「ビ」로 할지 등)

이하는 일본의 인터넷 사이트에서 검색한 한국요리의 外來語 표기로 정착화되었다고
생각하는 예이며 순서는 검색건수가 많은 순서이다.

(인터넷 검색엔진 www.yahoo.co.jp)

표9. 〈일본 인터넷상의 한국음식명 표기, 2002〉[19]

음식명	표 기
불고기	プルコギ、ブルゴギ、プルゴギ、ブルコキ
깍두기	カクテキ、カットウキ、カットゥギ、カクドウギ、カクトゥキ
곰탕	コムタン、コンタン
김치	キムチ、ギムチ、ギンチ、キンチ
떡볶이	トッポッキ、トゥポギ、トゥポキ、トッポッギ
국밥	クッパ、グッパ、クッパッ、クッパップ、グッパブ

표10. 〈일본 인터넷상의 한국음식명 표기, 2008〉

음식명	표 기
불고기	プルコギ、ブルコギ、ブルゴギ、プルゴギ
깍두기	カクテキ、カクテギ、カットゥカクトゥキ、カットゥキ、カクドゥギ
곰탕	コムタン、コンタン
김치	キムチ、ギンチ、キンチ、ギムチ
떡볶이	トッポッキ、トッポッギ
국밥	クッパ、グッパ、クッパッ、クッパップ、グッパブ

불고기는 2002년 검색에서는 나타나지 않던 「ブルコギ」가 두 번째로 많이 쓰이는 표
기로 검색되었다는 점이 주목할 만하다.

---

25) 湯浅茂雄, 「外来語の表記」, 『現代日本語の講座』, 明治書房, 2002.

깍두기의 「두」를 「テ」가 아니라 「カットゥギ」와 같이 「トゥ」로 하는 것은 한국어음에 가까운 표기를 하려는 시도로 이해된다. 하지만 「カクテキ」가 다른 표기에 비해 641,000이라는 월등히 높은 검색건수를 기록하였다. 이것은 이미 「カクテキ」가 외래어로 정착이 되었다는 것을 보여준다.

곰탕의 경우도 「コンタン」의 검색건수가 비교의미가 없을 정도로 「コムタン」이 정착화된 것을 알 수 있었다.

김치도 「キムチ」가 사전에도 등재되고 일본인이 일상적으로 쓰는 등 보편화된 표기이기 때문에 압도적인 검색건수를 보였지만, 다른 표기도 나타나는 이유는 아마도 한국인이 표기한 자료들이 검색된 탓일 것이다.

떡볶이는 떡을 「トゥ」로 표기한 두 용례는 2008년 검색 시에는 보이지 않았고 대신 「トッ」이라고 표기한 두 용례가 검색되었다. 그중 「トッポッキ」의 검색 수가 20배 정도 많은 것으로 보아 이 표기가 정착화될 것이라고 예측할 수 있다.

국밥도 「クッパ」가 정착화된 표기로 보이지만 다른 용례가 검색되는 것은 김치의 경우와 마찬가지로 한국인터넷사용자가 국밥의 발음을 한국어에 가깝게 표기하는 용례가 검색된 것이라고 볼 수 있다.

여기서 문제인 것은 이상의 예에서도 알 수 있는 바와 같이 「발음, 촉음」과 청탁음에 관계되는 표기이다. 「발음」표기에서는 한국어의 종성 「ㅁ」을 「ム」로 하는 경향이 강한 것은(コムタン, キムチ 등), 종성의 「ㄴ」「ㅇ」과의 구별을 의식해서이겠지만, 「m」인지 「n」인지를 구분하지 않고 「ん」으로 표기하는 것을 원칙으로 하는 내각고시(內閣告示, 昭和 61년 7월 1일 「現代仮名遣い」)와는 달라진다.

「촉음」표기에서는 종성의 「ㅂ」「ㄱ」「ㄷ」 등을 어떻게 표현할 것인가(カットゥキ / カットゥギ, トッポッキ / トッポッギ, グッパ, グッパッ 등)가 문제이며, 또한 청탁음에서는 어중, 어미의 ㅂ(p / b), ㄷ(t / d), ㄱ(k / g), ㅈ(ts / dʒ)의 자음을 포함하는 음절을 청음 표기로 할 것인지 탁음 표기로 할 것인지(プルゴギ / プルコキ, カットゥキ / カットゥギ, トッポキ / トッポギ 등)가 문제인 것이다. 앞으로도 더욱 한국어 원음을 의식한 표기가 이루어진다고 보면 일본에서도 이러한 용례에 관한 표기의 기준이 필요하게 될 것이다.

외래어나 외국의 지명, 인명을 가타카나로 표기할 때 지침이 되는 것이 1991년 6월 28일에 내각 고시된 「外来語の表記」이다. 이것은 전후의 국어시책의 개선책으로 제출된 것으로 법령, 공용문서, 인문, 잡지, 방송 등 일반 사회에서의 외래어 표기의 기준이 되고 있다. 제1표와 제2표가 있으며 제1표는 외래어나 외국의 지명, 인명을 나타낼 때 일반적으로 쓰이는 가나 100음에 발음, 촉음, 장음 부호의 표기법과 「ファ, ティ, ツォ」

등 13음의 가나가 표시되어 있다. 제2표는 외래어나 외국의 지명, 인명을 원음이나 원래의 철자에 될 수 있는 대로 가깝게 나타내려고 할 때 쓰이는 것으로, 「グァ, トゥ, ヴィ」등의 20개의 가나가 표시되어 있다.

표11. 〈外来語의 表記〉

第1表	
ア イ ウ エ オ	パ ピ プ ペ ポ
カ キ ク ケ コ	キャ キュ キョ
サ シ ス セ ソ	シャ シュ ショ
タ チ ツ テ ト	チャ チュ チョ
ナ ニ ヌ ネ ノ	ニャ ニュ ニョ
ハ ヒ フ ヘ ホ	ヒャ ヒュ ヒョ
マ ミ ム メ モ	ミャ ミュ ミョ
ヤ ユ ヨ	リャ リュ リョ
ラ リ ル レ ロ	ギャ ギュ ギョ
ワ	ジャ ジュ ジョ
ガ ギ グ ゲ ゴ	ビャ ビュ ビョ
ザ ジ ズ ゼ ゾ	ピャ ピュ ピョ
ダ デ ド	ン(撥音)
バ ビ ブ ベ ボ	ッ(促音)
ー(長音記号)	シェ
チェ	ツァ ツェ ツォ
ティ	ファ フィ フェ フォ
ジェ	ディ
デュ	

第2表	
イェ	ウィ ウェ ウォ
クァ クィ クェ クォ	ツィ
トゥ	グァ
ドゥ	ヴァ ヴィ ヴ ヴェ ヴォ
テュ	フュ
ヴュ	

외래어의 표기는 관용이 고정화되어 있는 것은 그것에 따르지만, 그 외는 원음에 가깝게 표기하도록 되어 있다. 그러나 표기할 때는 다른 음운 체계에서 다른 음운 체계로

바뀌므로 여러 가지 문제가 발생한다.

제1표와 제2표에 의한 용법은 다음과 같이 생각할 수 있다.

「file」「feet」 등의 원음은 「ファ」「フィ」「フェ」「フォ」라는 가타카나로 표기되지만, 「ハ」「ヒ」「フ」「ヘ」「ホ」의 관용이 확대되어 있는 것은 거기에 따른다. 따라서 「fuse」는 「ヒューズ」, 「platform」은 「プラットホーム」이다.

「film」은 「フイルム」라도 되지만, 관용으로 되어 있지 않으므로 「フィルム」이다. 또, 「Uruguay」의 「gua」는 제2표에 의하면 「グァ」로 표기되어야 하겠지만, 지명이기 때문에 「グア」로 표기가 된다. 「ウルグアイ」이다.

「West coast」라는 지명은 「ウエストコースト」, 고유명사인 「Mr.West」라면 「ウェスト」씨, 「West tours」라면, 「ウェスト」라도 「ウエスト」라도 상관없지만, 「tour」는 「トゥアー」로 되지 않고, 일반적으로 「ツアー」를 쓴다. 또한 외래어로 표기될 때의 특징으로 축약현상을 말하지 않을 수 없다. 「ビビンパ」의 경우도 이에 해당하는 어휘이다.

원어의 어두, 어중의 모음을 동반하지 않는 자음의 연속은, 로마자 표기로 하면 모두 모음이 동반된다. (st→suto) 음절 말의 자음도 모음을 동반하여 개음절로 된다.(su－to－ra－iku) 영어의 음운 구조에서는 자음＋모음＋자음의 1박 음절이 일본 외래어에서는 5박 또는 5음절의 연속이 된다. 이렇게 되면 너무 길어지게 되어서 일상에서 사용하기에는 효율성, 경제성이 없으므로 strike가 「スト(suto)」로 변하는 축약현상이 일어나는 것이다. 일본의 외래어에 약어가 많은 이유는 이와 같이 개음절화되는 이유에서 찾을 수 있다. 축약의 방법은 대략 다음과 같이 정리된다.

① 5박, 5음절 이상이라면 「デモ(ンストレーション)」은 「デモ」, 「インフレ(ーション)」은 「インフレ」, 「パ(ー)ソ(ナル)コン(ピューター)」는 「パソコン」과 같이 일부가 생략된다.

② 일본어의 로마자 표기에서 머리글자를 따서 만든다. NHK(Nippon Hoso Kyokai)

③ 원어의 철자에서 머리글자를 따서 만든다. JR(Japan Railway)

외국어의 발음이 외래어로 바뀌는 법칙을 영어로 살펴보면 일본어의 외래어는, 영어의 음절이 자음으로 끝나는 데 비해, 장음, 발음, 촉음이 모음 뒤에서 나타나는 경우 이외는 보통 모음으로 끝난다. 그러나 삽입, 첨가되는 모음에는 제한이 있어서 기본적으로 [u]이지만 [t] [d]와 같은 치경음 다음에는 [o], [t], [ʃ], [d] 같은 파찰음 뒤에는 [i]가 쓰인다.

• 개음절화의 규칙(C는 자음)

1. (1) [t#] or[tC] → [to]

   accent   [æksent] アクセント

   (2) [d#] or[dC] → [do]

   card   [ka：rd] カード

2. [t#] or[tC] → [tsu]

   shirt   [ʃə：rt] シャツ

3. (1) [tʃ#] → [tʃi]

   coach [koutʃ]   コーチ

   (2) [dʒ#] → [dʒi]

   orange[ɔ́rindʒ]   オレンジ

   단모음 뒤의 [dʒ]에는 「バッジ」와 「バッチ」의

   [dʒi]와 [tʒi]가 있다.

4. C → C[u]   type[taip] タイプ

   자음에는 [u]가 첨가된다.

5. (1) [k#] or[kC] → [ku] & [ki]

   ink [iŋk] インキ / インク

   (2) [ʃ#] or[ʃC] → [ʃi]   brush[brʌʃ] ブラシ

   (3) [ʒ#] or[ʒC] → [ʒɯ]   potage[pɔtá：ʒ] ポタージュ

6. 촉음삽입   set[seQto] セット

모음과 자음 사이에 촉음 [Q]가 들어가고 가타카나 [ッ]로 표기한다. 다만, 촉음화는 한 단어에 1회, 복합어 또는 두 개의 형태소로 구성된 말은, 2회 이상의 촉음화가 된다.

piknic [piknik] → [piQuniQku] → ピクニック

hot dog [hctdcg] [hoQtodoQɡu] → ホットドック

7. 모음의 일본어화

key[ki :] → キ

8. 자음 및 반모음의 일본어화

tip[tip] → チップ

file[fail] → ファイル

위와 같은 음운의 일본어화외에 특기할 만한 사항으로는 외래어 표기의 변화를 들 수 있다. 일본어에 차용된 시대가 오래전으로, 완전히 일본어와 융합, 동화되어서 이미 외래어의 느낌이 없는 「たばこ」나 「てんぷら」와 같은 말은 히라가나로 표기된다. 반면에 일본어로 친숙하지만 유래가 분명히 느껴지는 「ラジオ」 등은 가타카나로 표기된다. 이 단계의 외래어는 원어의 철자나 발음과는 적지 않게 차이가 나는 경우가 많고, 일부 일본어화했다고 말할 수 있다. 이런 말들은 이미 원음의 발음과는 상관이 없다. 한국인들이 외래어를 표기할 때 될 수 있는 대로 원음에 가깝게 하려는 경향이 강한 반면에, 일본인들은 원음과의 관련성을 그다지 생각하지 않고 안정되어 버린 외래어는 일본어로 인식한다. 예를 들어, 현대의 표기법으로는 「ラディオ」라 바꿀 수 있지만 「ラジオ」는 일본어의 어감이 굳어져서 원어의 발음으로 바뀌지 않고 있는 것이다. 반면, 근대에 유입된 외래어 가운데에는 원어의 철자법이나 발음과 가깝게 표기하려고 하는 경향도 있는데, 「ベール」가 「ヴェール」로 「バイオリン」이 「ヴァイオリン」으로 바뀌고 있는 예를 들 수 있다. 또한 장음의 문제로 「コンピュータ」가 있다. 『日本語能力試験出題基準』에서는 「コンピューター」를 채용하고 있지만 제품의 사용서나 업계용어는 「コンピュータ」가 통례적이다. 원음을 의식하지 않고 일본어화가 정착되면서 장음이 생략되는 예이다.

청음과 탁음에서는 시대적인 차이가 보이는데, 「ハンドバック」는 「ハンドバッグ」로 「ベット」는 「ベッド」로 바뀌어서 원어의 발음에 가깝게 되었다.

여기서 일본의 외래어를 정리한다면 일본어의 외래어는 외국어가 아니고 일본어이다. 그 이유는 다음의 세 가지로 요약된다.

① 일본어의 문장, 회화에서 쓰이고 있는 외래어가 원음의 의미나 용법과는 다른 경우가 많다.

② 원어의 자모로 쓰이는 것이 아니라 일본어의 가타카나로 쓰인다.

③ 발음이 가타카나로 표기되는 일본어의 음운의 범위 내에 한정된다.

일본어의 특징은 의미, 표기, 발음에 있다. 그중에서 표기와 발음은 표리일체의 관계

이며, 외래어를 표기한다는 의미에서는 이미 외국어가 아닌 것이다. 따라서 본서에서 제안하는 일본어 표기도 이러한 점에 주목하여 「ビビンバ」이든 「ピビンパ」이든 「밥」의 표기로 「パ」를 지지하며, 원어의 발음을 충분히 표기하기보다는, 일본어의 음운구조에 가깝고 발음하기 쉬운 일본어 표기를 지향한다. 또한 일본의 외래어가 3박어 내지 4박어일 때 가장 안정적이라고 말해지므로[20](テレビ, アパート 등) 「ビビンパップ」로 표기하면 음절 수가 많아져서 발음과 표기 면에서 효율적이지 못한 것이다. 본서의 주장하는 바는 한국어의 발음을 표기하는 데 있어서 가능한 한 일본어 음운 체계에 동화되기 쉬운 표기를 함으로써 우리의 음식명이 일본의 외래어로 한층 더 쉽게 정착되고 사용하기 쉽게 하고자 함이다.

2. 국어의 가나문자 표기법

1) 가나문자 표기법

음운체계가 다른 언어를 원어 그대로 발음 표기한다는 것은 어차피 불가능에 가깝다. 하지만 그럴 필요성이 있을 때의 해결방안은, 양국의 음운체계를 정확히 파악하고 상대 언어의 표기체계에 가능한 한 가깝도록 하는 것이다. 그런 이유로 Ⅵ장에서는 한일 양국의 표기법에 대해서 살펴보고자 하는 것이다. 일본의 표기법은 위에서 상술한 바와 같다. 그러나 일본어의 문자와 표기법에 대해서 지식이 없는 사람이라도 우리말의 가나문자 표기법을 이용하면 어느 정도 그 수요에 대한 해결방안이 될 수 있다. 2001년 교육부의 심의 과정을 거쳐 고시된 '국어의 가나문자 표기법'이 그것이다. 구성은, 제1장은 표기의 기본원칙이, 제2장은 모음과 자음의 표기일람이며 제3장은 표기세칙으로 되어 있다.

---

20) 김숙자, 「일본어 외래어의 음성적 특질」, 『日語日文學硏究』 第30輯, 韓國日語日文學會, 1997.

국어의 가나문자 표기법

제1장 표기의 기본 원칙
제1항 국어의 가나 문자 표기는 국어의 표준 발음대로 적는다.
제2항 표기는 가타카나로 한다.
제3항 가나 문자는 음절 문자이므로 음절 단위로 적되, 국어의 '자음＋모음' 음절은 두 박(mora)이 넘지 않게, 받침은 한 박이 넘지 않게 적는다.

제2장 표기 일람
제1항 모음 음절은 다음과 같이 적는다.

표1 단모음 음절

아	어, 오	우, 으	이	애, 에	외
ア	オ	ウ	イ	エ	ウェ

표2 중모음 음절

야	여, 요	유	애, 예	위, 의	와	워	왜, 웨
ヤ	ヨ	ユ	イェ	ウィ	ワ	ウォ	ウェ

(붙임) 장모음 표기는 따로 하지 않는다.

제2항 '자음＋모음' 음절은 다음과 같이 적는다.

표3 파열음 및 파찰음

모음 자음	ㅏ	ㅓ, ㅗ	ㅜ, ㅡ	ㅣ	ㅐ, ㅔ
ㄱ,ㅋ,ㄲ	カ(ガ)	コ(ゴ)	ク(グ)	キ(ギ)	ケ(ゲ)
ㄷ,ㅌ,ㄸ	タ(ダ)	ト(ド)	トゥ(ドゥ)	ティ(ディ)	テ(デ)
ㅂ,ㅍ,ㅃ	パ(バ)	ポ(ボ)	プ(ブ)	ピ(ビ)	ペ(ベ)
ㅈ,ㅊ,ㅉ	チャ(ジャ)	チョ(ジョ)	チュ(ジュ)	チ(ジ)	チェ(ジェ)

모음 자음	ㅑ	ㅕ, ㅛ	ㅠ	ㅒ, ㅖ
ㄱ,ㅋ,ㄲ	キャ(ギャ)	キョ(ギョ)	キュ(ギュ)	キェ(ギェ)
ㄷ,ㅌ,ㄸ	テャ(デャ)	テョ(デョ)	テュ(デュ)	ティェ(ディェ)
ㅂ,ㅍ,ㅃ	ピャ(ビャ)	ピョ(ビョ)	ピュ(ビュ)	ピェ(ビェ)
ㅈ,ㅊ,ㅉ	チャ(ジャ)	チョ(ジョ)	チュ(ジュ)	チェ(ジェ)

모음\자음	ㅟ, ㅢ	ㅘ	ㅝ	ㅙ,ㅞ,ㅚ
ㄱ,ㅋ,ㄲ	クィ(グィ)	クヮ(グヮ)	クォ(グォ)	クェ(グェ)
ㄷ,ㅌ,ㄸ	トゥイ(ドゥイ)	トヮ(ドヮ)	トゥオ(ドゥオ)	トェ(ドェ)
ㅂ,ㅍ,ㅃ	プィ(ブィ)	プヮ(ブヮ)	プォ(ブォ)	プェ(ブェ)
ㅈ,ㅊ,ㅉ	チュイ(ジュイ)	チュヮ(ジュヮ)	チュオ(ジュオ)	チュェ(ジュェ)

(붙임) 'ㄱ, ㄷ, ㅂ, ㅈ'이 모음과 모음 사이 또는 'ㄴ, ㄹ, ㅁ, ㅇ'과 모음 사이에서 울림소리로 소리 날 때에는 각각 'ダ, バ행 및 'ジ'로 적고, 그 밖에는 'カ, タ, バ행' 및 'チ'로 적는다.

〈보기〉 **경기:** キョンギ **부전:** プジョン **안부:** アンブ

제주: チェジュ **대덕:** テドク **완도:** ワンド

표4 마찰음

모음\자음	ㅏ	ㅗ,ㅓ	ㅜ,ㅡ	ㅣ	ㅐ,ㅔ	ㅑ	ㅕ,ㅛ
ㅅ, ㅆ	サ	ソ	ス	シ	セ	シャ	ショ
ㅎ	ハ	ホ	フ	ヒ	ヘ	ヒャ	ヒョ

모음\자음	ㅠ	ㅒ, ㅖ	ㅟ, ㅢ	ㅘ	ㅝ	ㅙ,ㅞ,ㅚ
ㅅ, ㅆ	シュ	シェ	スィ	スヮ	スォ	スェ
ㅎ	ヒュ	ヒェ	フィ	フヮ	フォ	フェ

(붙임) 모음 다음에 오는 'ㅆ'은 'サ'행 앞에 'ッ(促音)'를 덧붙여 적는다.

〈보기〉 **아가씨:** アガッシ **고씨:** コッシ

표5 비음 및 유음

모음\자음	ㅏ	ㅗ,ㅓ	ㅜ,ㅡ	ㅣ	ㅐ,ㅔ	ㅑ	ㅕ,ㅛ
ㅁ	マ	モ	ム	ミ	メ	ミャ	ミョ
ㄴ	ナ	ノ	ヌ	ニ	ネ	ニャ	ニョ
ㄹ	ラ	ロ	ル	リ	レ	リャ	リョ

모음\자음	ㅠ	ㅒ, ㅖ	ㅟ, ㅢ	ㅘ	ㅝ	ㅙ,ㅞ,ㅚ
ㅁ	ミュ	ミェ	ムィ	ムヮ	ムォ	ムェ
ㄴ	ニュ	ニェ	ヌィ	ヌヮ	ヌォ	ヌェ
ㄹ	リュ	リェ	ルィ	ルヮ	ルォ	ルェ

제3항 폐음절인 받침은 다음과 같이 적는다.

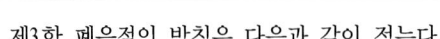

표6

받침	ㄱ, ㅋ, ㄲ, ㄳ, ㄺ	ㄼ, ㄿ, ㅂ, ㅄ, ㅍ	ㄷ, ㅌ, ㅈ, ㅊ, ㅅ, ㅆ, ㅎ	ㅁ, ㄻ	ㄴ, ㄵ, ㄶ, ㅇ	ㄹ, ㄽ, ㄾ, ㅀ
대표음	k	p	t	m	n, ŋ	l
표기	ク	プ	ッ(促音)	ム	ン	ル

(붙임1) ‘ッ’(促音)는 작게 적고, ‘ン’을 제외한 다른 글자는 어느 쪽도 허용한다.

　　〈보기〉 **길**: キル キル　　**박**: パク パク

(붙임2) ‘ㄱ, ㄲ, ㅋ’과 ‘ㅁ, ㅂ, ㅍ’ 받침은 다음의 경우 각각 ‘ッ’와 ‘ン’으로 적는다.

　(1) ‘ㄱ, ㄲ, ㅋ’ 받침 아래에 ‘ㄱ, ㄲ, ㅋ’ 초성이 오는 경우

　　역곡: ヨッコク　　**옥구**: オック

　(2) ‘ㅁ’ 받침 아래에 ‘ㅁ, ㅂ, ㅃ, ㅍ’ 초성이 오는 경우

　　남문: ナンムン　　**김포**: キンポ

　(3) ‘ㅂ, ㅍ’ 받침 아래에 ‘ㅂ, ㅃ, ㅍ’ 초성이 오는 경우

　　압박: アッパク　　**앞부리**: アップリ

제3장 표기 세칙

제1항 받침소리가 연음(다음 음절의 초성화)되는 경우에는 소리 나는 대로 적는다.

　(1) 받침 소리가 모음과 결합되는 경우

　　〈보기〉 **안양**[아냥]: アニャン　　**설악**[서락]: ソラク

　　　　　 담양[다먕]: タミャン　　**백암**[배감]: ペガム

　(2) 받침 소리의 대표음이 모음과 결합되는 경우

　　〈보기〉 **옷 안**[오단]: オダン

　　　　　 낱알[나달]: ナダル,

　　　　　 부엌 안[부어간]: ブオガン

　　　　　 꽃 아래[꼬다래]: コダレ

　(3) ‘ㄱ, ㄷ, ㅂ, ㅈ’이 ‘ㅎ’과 어울려 나는 소리

　　〈보기〉 **백학**[배칵]: ペカク **집합**[지팝]: チパプ

　　　　　 좋다[조타]: チョタ **맞히다**[마치다]: マチダ

제2항 음운의 변화가 일어날 때에는 변화한 음대로 적는다.

　(1) ‘ㄱ, ㄲ, ㅋ, ㄷ, ㅌ, ㄹ, ㅂ, ㅍ, ㅅ, ㅈ, ㅊ’이 비음화되는 경우

　　〈보기〉 **독립문**[동님문]: トンニンムン

　　　　　 압력[암녁]: アンニョク

　　　　　 잇몸[인몸]: インモム

       이튿날[이튼날]: イトゥンナル

       심리[심니]: シムニ

       백령[뱅녕]: ペンニョン

       젖니[전니]: チョンニ

       꽃 냄새[꼰냄새]: コンネムセ

 (2) 'ㄴ'음이 첨가되는 경우

    〈보기〉 **떡잎[떵닙]**: トンニプ

        앞일[암닐]: アムニル

        밭일[반닐]: パンニル

        꽃잎[꼰닙]: コンニプ

 (3) 구개음화되는 경우

    〈보기〉 **씨받이[씨바지]**: シバジ

        같이[가치]: カチ

 (4) 'ㄴ'의 유음화(流音化, ㄹ)는 청각의 유사성에 따라 원음대로 적는다.

    〈보기〉 **신라[실라]**: シンラ   **한라[할라]** ハンラ   **곤란[골란]**: コンラン

제3항 행정 구역, 역, 선로명 등의 접미어는 연음시켜 한자로 적되, 洞, 邑, 面은 상단(세로쓰기의 경우에는 우측)에 그 발음을 소리 나는 대로 덧붙여 적는다.

    〈보기〉 **광명시**: クヮンミョン市 **도봉구**: トボン区   **안성군**: アンソン郡

        북구: プッ区 **평택군**: ピョンテッ郡

        충청북도: チュンチョン北道,

        강원도: カンウォン道

        벽제면: ピョクチェ面   **장성읍**: チャンソン邑

        남면: ナン面   **서울특별시**: ソウル特別市   **호남선**: ホナム線

        북부 출장소: プクプ出張所 **대구역**: テグ駅   **사직동**: サジク洞

(붙임1) 국명의 경우에는 전체를 소리 나는 대로 적고, 한자 표기를 ( ) 속에 덧붙인다.

    〈보기〉 **대한민국**: テハンミングク(大韓民国)

        한국: ハングク(韓国)

(붙임2) 길 이름의 경우에 '路, 길'은 연음시켜 소리 나는 대로 적되, ( ) 속에 한자를 병기할 수도 있다.

    〈보기〉 **종로**: チョンノ(鐘路)

        사가정길: サガジョンキル

        을지로: ウルチロ(乙支路)

(붙임3) 새로운 행정 단위명이 덧붙은 예 행정 단위명은 발음만을 적는다.

    〈보기〉 **청량리동**(清凉里洞): チョンニャンニ洞

        목사동면(木寺洞面): モクサドン面   **구리시**(九里市): クリ市

제4항 자연 지물명 및 공공 시설물의 명칭 중 보통 명사 부분은 한자로 적는다. 단, 국어에서 단독으로 사용되지 않는 보통 명사(寺, 島, 海 등) 및 일본에서 통용되지 않는 보통명사(宮, 江, 嶺 등)의 경우는 발음대로 적되, ( ) 속에 한자를 병기할 수도 있다.

〈보기〉 **한라산:** ハンラ山　**성인봉:** ソンインボン(聖人)　**청평호:** チョンピョンホ(清平湖)

독도: トクト(独島)　**경포해수욕장:** キョンポ海水浴場　**태안반도:** テアン(太安)半島

대한해협: テハン海峡　**제주시청:** チェジュ市庁

김포국제공항: キンポ国際空港

부산대학: プサン大学

광주고등학교: クワンジュ高等学校

불국사: プルグクサ(仏国寺)

동대문 시장: トンデムン市場

잠실운동장: チャムシル運動場

덕수궁: トクスグン(徳寿宮)

현대 해운 주식회사: ヒョンデ海運株式会社

동호대교: トンホ大橋　**한강:** ハンガン(漢江)

황해: フワンヘ(黄海)

추풍령: チュプンニョン(秋風嶺)

(붙임1) 시설물 명칭 중 외래어 부분은 일본식 외래어로 적는다.

〈보기〉 **안동댐:** アンドンダム

롯데호텔: ロッテホテル　　**육삼빌딩:** ユクサムビル

(붙임2) 지명으로 관용화된 문(門)의 이름은 모두 발음만을 적는다.

〈보기〉 **남대문:** ナムデムン　**서대문:** ソデムン

남문: ナンムン　**광화문:** クワンフワムン

(붙임3) 보통 명사 부분의 한자는 일본의 표기 방식으로(일본식 약자) 적되, ( ) 속에 병기하는 한국 지명의 한자는 정자로 적는다.

〈보기〉 **한국:** ハングク(韓国)

불국사: プルグクサ(仏国寺)

김포국제공항: キンポ国際空港

(붙임4) 자연 지물명, 공공 시성명 및 행정 구역명 등에 보통 명사가 첨가되어 또 다른 시설명을 이루면서 보통 명사가 겹치는 경우, 앞에 오는 보통 명사가 한 글자로 된 한자어일 때에는 그 발음만을 적는다.

〈보기〉 **남산 공원:** ナムサン公園　　**창동역:** チャンドン駅

홍대 입구역: ホンデ入口駅

종합 운동장역: 綜合運動場駅

제5항 인명의 경우에는 위의 원칙 및 세칙에 따르되, 성과 이름을 연음시키지 않고 따로 떼어 적는다.
　〈보기〉 **김연우**: キム ヨヌ **박영희**: パク ヨンヒ
　　　　　이숙희: イ スキ 　**선우 종길**: ソヌ チョンギル
(붙임) 첫소리(初聲)가 'ㅂ·ㅍ, ㅈ·ㅊ'인 성씨로서 속소리(中聲)와 끝소리(終聲)가 같은 성씨끼리는 구별하여 적는다.
　〈보기〉 **변**: ビョン **편**: ピョン **전, 정**: ジョン
　　　　　천: チョン
　　　　　조: ジョ **초**: チョ **주**: ジュ 　**추**: チュ
제6항 이상의 세칙 이외에 가나 문자 표기 능력의 특성상 다른 지명과 혼동될 우려가 있는 경우에는 ( ) 속에 한자를 병기하도록 한다.

2) 가나문자 표기법에 의한 용례분석

여기서는 조사한 오용례를 「국어의 가나문자 표기법」에 대조하여 분석하고자 하는데, 이는 다음 단계인 시안 작성을 위한 기초적인 고찰과정이라 할 수 있다.

a. ㄱ / ㅋ
한국어의 ㄱ발음을 k발음으로 표기한 것 / g발음으로 표기한 것

갈비　　　　*カ*ルビ / *ガ*ルビ

계장　　　　*ケ*ジャン / *ゲ*ジャン

칼국수　　　カル*クク*ス / カル*グ*クス・カル*グッ*ス

콩국수　　　コン*クク*ス・コン*クッ*ス / コン*グ*クス・コン*グッ*ス

갈비구이　　カルビ*クイ* / カルビ*グイ*

한국어의 로마자표기법을 살펴보면 파열음인 자음ㄱ은 알파벳 g와 k로 표기한다고 나와 있다. ㄱ음이 단어 맨 처음에 올 경우에는 대체적으로 k음, 즉 カ행으로 표기하는 경우가 많고, ㄱ음이 단어 중간이나 끝에 올 경우에는 대체적으로 g음, 즉 ガ행으로 표기하는 경우가 많은 것 같다. 실제로 단어 처음에 오는 ㄱ을 발음해 보면 k와 g의 중간 발음이 나는 것을 알 수 있다. 그렇기 때문에 특히 단어의 맨 처음 오는 ㄱ음은 カ행과 ガ행 어느 쪽이든 허용되지만 초성은 청음으로 쓰는 것이 더 좋을 것이다.

b. ㄱ받침

한국어의 ㄱ받침을 ク로 표기한 것 / ッ(촉음)으로 표기한 것

깍두기 カクトゥキ・カクテキ / カットゥキ

칼국수 カルグクス・カルククス / カルグッス

콩국수 コンククス・コングクス / コンクッス・コングッス

생맥주 センメクチュ / センメッチュ

죽 チュク / チュッ

떡 トク・トック / トッ

빈대떡 ピンデトク・ピンデトック / ピンデトッ・ピンデットッ

낙지볶음 ナクチボックム・ナクチボックン・ナクチポックン / ナッチボックン

한정식 ハンジョンシク / ハンジョンシッ

한국어의 ㄱ받침을 ク로 표기한 경우는, 일본어에는 ㄱ받침을 낼 수 있는 소리가 없기 때문에 ㄱ받침을 따로 빼내어 ク로 표기한 것이다. ッ(촉음)로 표기한 경우는 한국어 발음에 조금 더 충실한 경우라 할 수 있겠다. ㄱ받침이 들어간 단어를 발음해 보면 ㄱ받침의 바로 뒤 자음이 된소리로 발음되는 것을 알 수 있다. 일본어에서는 ッ(촉음)이 그 역할을 대신하고 있기 때문에 한국어 발음에 조금 더 근접한 표기라고 생각된다.

c. ㄹㄱ받침

한국어의 ㄹㄱ받침을 ッ로 표기한 것 / ク로 표기한 것

닭갈비 ダッカルビ・タッカルビ / タクカルビ

찜닭 チムダッ・チムダッ / チムタク

닭도리탕 タットリタン / タクトリタン

ㄹㄱ받침의 발음은 ㄹ발음만 나거나 ㄱ발음이 나는 경우가 대부분이다. 위의 세 가지 단어는 모두 ㄱ으로 발음되는 경우이기 때문에, 바로 위에서 다루었던 ㄱ받침과 흡사하다.

d. ㄲ받침

한국어의 ㄲ받침을 ッ로 표기한 것 / 생략한 것

떡볶이 トッポッキ / トッポギ

낙지볶음 ナクチボックム・ナクチボックン・ナッチボックン・ナクチポックン / ナクチボクン

ㄲ받침도 ㄹㄱ받침과 마찬가지로 ㄲ의 두개의 ㄱ을 한 번에 발음할 수 없다. ㄱ받침

과 ㄹㄱ받침의 발음 방법과 비슷하게 ッ가 쓰이지만 다른 점은 ッ 바로 뒤에 ヵ행음이 오면서 두 개의 ㄱ역할을 하고 있는 것을 볼 수 있다. トッポキ는 아예 ㄲ받침을 생략한 것인데, 표기보다 일본인의 발음 체계에 충실하여 쓴 것이라고 추측된다.

e. ㄷ / ㅌ
ㄷ발음을 d발음으로 표기한 것 / t발음으로 표기한 것

닭갈비　ダッカルビ / タクカルビ・タッカルビ

동동주　ドンドンジュ / トンドンジュ

찜닭　チムダッ / チムタク・チムタッ

한국어의 로마자표기법을 살펴보면 파열음인 자음ㄷ은 알파벳 d와 t로 표기한다고 나와 있다. ㄷ음이 단어 맨 처음에 올 경우에는 대체적으로 t음, 즉 ㄆ행으로 표기하는 경우가 많고, ㄷ음이 단어 중간이나 끝에 올 경우에는 대체적으로 d음, 즉 ㄉ행으로 표기하는 경우가 많은 것 같다. 실제로 단어 처음에 오는 ㄷ을 발음해 보면 d와 t의 중간발음이 나는 것을 알 수 있다. 그렇기 때문에 특히 단어의 맨 처음 오는 ㄷ음은 ㄆ행과 ㄉ행 어느 쪽이든 허용된다.

f. ㄹ받침
ㄹ받침을 표기하지 않은 것 / ル로 풀어서 표기한 것

설렁탕　ソロンタン / ソルロンタン

해물　ヘムバション / ヘムルメウンタン

한국어의 로마자표기법을 살펴보면 유음인 자음 ㄹ은 알파벳 r과 l로 표기한다고 나와 있다. 한국어와 일본어 모두 r과 l로 발음할 때만 나타나고 따로 구분하여 표기하는 방법은 없기 때문에 헷갈릴 염려는 없다. 하지만 ㄹ받침은 위에서 다루었던 ㄱ, ㄹㄱ, ㄲ받침과는 다르게 ッ(촉음)로도 표기할 수 없다. 그렇기 때문에 ㄹ받침을 풀어서 ル로 표기하거나 발음하기 어려운 ㄹ을 생략한 것이라고 생각된다.

g. ㅁ받침
한국어의 ㅁ받침을 ム로 풀어쓴 것 / ン으로 표기한 것

볶음밥　ポックムパプ / ポックンパプ

김밥　キムパプ / キンパプ・キンパッ

삼겹살　サムギョプサル / サンギョプサル・サンギョッサル

한일양국의표기법 ＊ 115

삼계탕	サムゲタン / サンゲタン
쌈밥	サムパプ / サンパプ
찜닭	チムタク・チムタッ / チンダッ
냄비우동	ネムビウドン / ネンビウドン
비빔냉면	ピビムネンミョン / ピビンネンミョン
비빔밥	ピビムパプ / ピビンパブ・ピビンパッ・ピビンパ・ビビンバ・ビビンパ・ピビンパッ・ビビンパッ・ビビンバブ

일본어의 발음ン은 일본어에서 유일하게 받침소리를 낼 수 있는 음이다. ン은 한국어의 ㄴ, ㅁ, ㅇ 받침소리를 대신하는데 ㅁ 소리를 내려면 ン 뒤에 양순음, 즉 m, b, p음이 와야 한다. 하지만, 위의 단어들을 보면 알 수 있듯이 한국어는 ㅁ 뒤에 양순음이 반드시 오는 것은 아니기 때문에 ㅁ 받침을 ム로 쓰는 방법이 병기된다.

h. ㅂ・ㅍ

한국어의 ㅂ발음을 b발음으로 표기한 것 / p발음으로 표기한 것

비빔밥	ビビンバ・ビビンパ・ビビンパッ / ピビムパプ・ピビンパブ・ピビンパッ・ピビンパ
부대찌개	ブデチゲ / ブデッチゲ / ブダイチゲ・プデチゲ
불고기	ブルゴギ / プルゴギ
낙지볶음	ナクチポックム・ナクチポックム / ナクチボックム・ナッチボックム

한국어의 로마자표기법을 살펴보면 파열음인 자음 ㅂ은 알파벳 b와 p로 표기한다고 나와 있다. ㅂ음이 단어 맨 처음에 올 경우에는 대체적으로 p음, 즉 パ행으로 표기하는 경우가 많고, ㅂ음이 단어 중간이나 끝에 올 경우에는 대체적으로 b음, 즉 バ행으로 표기하는 경우가 많은 것 같다. 실제로 단어 처음에 오는 ㅂ을 발음해 보면 b와 p의 중간 발음이 나는 것이 그 예라고 할 수 있겠다. 영어로 부산을 Busan으로 표기할지 Pusan으로 표기할지 의견이 분분한 것이 그 예라고 할 수 있겠다. 그렇기 때문에 특히 단어의 맨 처음에 오는 ㅂ음은 パ행과 バ행 어느 쪽이든 허용된다.

i. ㅂ받침

한국어의 ㅂ받침을 プ로 표기한 것 / ッ(촉음)으로 표기한 것 / 생략한 것

| 오겹살 | オギョプサル / オギョッサル |
| 오징어덮밥 | オジンオトッパプ / オジンオトッパッ |

국밥	クッパプ / クッパッ / クッパ・クッパー
김치볶음밥	キムチポックムパプ・キムチポックンパプ / キムチポックンパッ
비빔밥	ビビムパプ・ピビンパプ / ピビンパッ・ピビンペッ・ビビンパッ / ビビンバ・ビビンパ・ピビンパ
김밥	キムパプ・キンパプ / キンパッ

ㅂ받침은 위에서 다루었던 ㄹ받침과 마찬가지로 ッ(촉음)로도 표기할 수 없다. 그렇기 때문에 ㅂ받침을 풀어서 プ로 표기하거나 발음하기 어려운 ㅂ을 생략한 것이라고 생각된다. 하지만 ㅂ받침을 ッ(촉음)로도 표기한 예가 6가지 단어에서 모두 나타나는데, 이것은 ッ(촉음)이 발음될 때의 특징을 잘 이용한 것이라 할 수 있다. ッ(촉음)은 다음에 오는 음을 발음하기 위해 준비하는 동안에 잠시 소리가 나오는 길을 막으려고 끊어지는 특징을 갖는다. 이것을 이용하면 정확히 발음하진 못하더라도 비슷한 효과는 기대할 수 있는 것이다.

j. ㅈ / ㅊ
ㅈ발음을 j발음으로 표기한 것 / ch발음으로 표기한 것

김치전	キムチジョン / キムチチョン
전골	ジョンゴル / チョンゴル
지짐이	ジジミ・ヂヂミ / チヂミ・チジミ

한국어의 로마 표기법을 살펴보면 파찰음인 자음 ㅈ은 알파벳 j로 표기한다고 나와 있다. 파열음인 ㄱ, ㄷ, ㅂ의 발음이 두 가지로 나뉘었던 것과는 달리 j, 한 가지로만 나와 있다. 하지만 엄연히 살펴보면 한국어의 자음 ㅈ은 영어나 일본어의 파찰음보다는 그 특성이 약해서 파찰음이라고 명확히 구분 지을 수 없는 음이기 때문에 일본인이 듣기에는 j와 ch에 가까운 음이라 생각될 수 있을 것이다.

k. ㅜ모음
한국어의 ㅜ모음을 o+(u)로 표기한 것 / o음으로 두거나 다른 음으로 대체한 것

깍두기	カクトゥギ・カットゥギ / カクテキ
뚝배기	トゥッペギ / トッベギ
순두부	スンドゥブ

이 경우는 모든 자음에 해당하는 것이 아니라 일본어의 タ행과 ダ행에 해당하는 것이다. 고대 일본어는 ta ti tu te to da di du de do라는 음이었으나 현대 일본어에는 tu,

du가 tsu, dzu로 바뀌어 tu du로 표기할 수 있는 글자가 없기 때문에 어쩔 수 없이 ㅏ 나 ㄷ 뒤에 u음을 붙여 나타낸 것이다. カクテキ와 같이 발음할 수 없는 부분을 다른 글자로 대체한 것도 볼 수 있다.

l. ㅚ 단모음, ㅙ 이중모음

한국어의 ㅚ 단모음, ㅙ 이중모음을 o+u+e로 표기한 것 / e음으로 대신한 것

된장찌개 トゥエンジャンチゲ / テンジャンチゲ

돼지갈비 トゥエジカルビ / テジカルビ

한국어의 로마자표기법을 살펴보면 단모음 ㅚ는 oe, 이중모음 ㅙ는 wae로 표기한다고 나와 있다. 이것 역시 일본어로는 정확히 표기할 수 없는 부분이다. o음은 원래글자 ㅏ 에서 따오고 그 뒤에 u+e음을 붙임으로서 비슷하게 표현했다. テンジャン, テジ와 같이 발음할 수 없는 부분을 e음으로 대신한 것도 볼 수 있다.

3) 음식명의 발음표기시안

여기서는, Ⅲ장의 조사내용을 중심으로 음식명의 발음표기의 시안을 「국어의 가나문자 표기법」을 참고로 하여 제시하고자 한다.

(1) 부대찌개

ブデチゲ → プデチゲ

국어의 가나문자 표기는 국어의 표준발음 그대로 적는 것이 원칙이지만 어두에 오는 경우와 어중, 어말에 오는 경우에 각각 표기와 발음이 다르게 나타난다.

국어의 가나문자 표기법 제2항에 따르면 'ㄱ, ㄷ, ㅂ, ㅈ'이 모음과 모음 사이 또는 'ㄴ, ㄹ, ㅁ, ㅇ'과 모음 사이에서 울림소리로 소리 날 때에는 각각 'ガダバ'행 및 'ジ'로 적고, 그 밖에는 'カ, タ, パ'행 및 'チ'로 적는다. 부대찌개에서 부의 ㅂ은 모음과 모음 사이에 있지 않으므로 'ブ'가 아니라 'プ'가 되어야 한다.

(2) 육회

ユケエ → ユッケ

국어의 가나문자 표기법 제3장의 표기세칙 제1항에 따르면 받침소리가 연음(다음 음

절의 초성화)되는 경우에는 소리 나는 대로 적어야 한다. 이때 'ㄱ, ㄷ, ㅂ, ㅈ' 다음에 'ㅎ'이 오면 'ㅋ, ㅌ, ㅍ, ㅊ'이 된다.

육회에서 육의 받침 'ㄱ'과 'ㅎ'이 만나 연음되어 [유쾨]로 발음되므로 ユケ가 되어야 한다. 다만, 일본에서 외래어로 정착되고 있는 ユッケ도 함께 표기하는 것을 허용해야 한다.

(3) 게장

ケジヤン → ケジャン

국어의 가나문자 표기법 제2장 표기일람 제2항에 따르면 자음과 모음을 조합할 때 다음과 같은 규칙을 따라야 한다.

이에 따라 게장에서 장의 '자'는 'ジヤ'가 아닌 'ジャ'로 표기해야 한다.

[표1] 자음＋모음

자음＼모음	ㅏ	ㅓ, ㅗ	ㅜ, ㅡ	ㅣ	ㅐ, ㅔ
ㄱ, ㅋ, ㄲ	カ(ガ)	コ(ゴ)	ク(グ)	キ(ギ)	ケ(ゲ)
ㄷ, ㅌ, ㄸ	タ(ダ)	ト(ド)	トゥ(ドゥ)	ティ(ディ)	テ(デ)
ㅂ, ㅍ, ㅃ	パ(バ)	ポ(ボ)	プ(ブ)	ピ(ビ)	ペ(ベ)
ㅈ, ㅊ, ㅉ	チャ(ジャ)	チョ(ジョ)	チュ(ジュ)	チ(ジ)	チェ(ジェ)

(4) 순두부

スンドウブチゲ → スンドゥブチゲ

순두부찌개의 '두' 역시 위의 [표1]에 따라 'ドウ'가 아닌 'ドゥ'의 형태로 써야 한다.

(5) 비빔밥

ビビパプ → ピビンパ

비빔밥의 경우는 초성의 「ㅂ」은 「ピ」로, 종성의 「ㅂ」은 「プ」로 적는 것이 발음에 가깝다고 할 수 있다. 일본 사전에서 ビビンパ로 표기하고 있으므로 두 가지 표기가 모두 허용될 수 있겠다.

(6) 북어국

ブゴクッ → プゴクック

국어의 가나문자 표기법 제2장 제2항에 따르면 'ㄱ, ㄷ, ㅂ, ㅈ'이 모음과 모음 사이

또는 'ㄴ, ㄹ, ㅁ, ㅇ'과 모음 사이에서 울림소리로 소리 날 때에는 각각 'ダ, バ'행 및 'ジ'로 적고, 그 밖에는 'カ, タ, パ'행 및 'チ'로 적는다.

반침소리가 모음과 결합되어 [부거국]으로 발음되므로, 'ォ'가 아닌 'ゴ'가 되는 것은 맞으나 '부'는 'プ'가 되어야 한다. 또한 '국'의 첫 번째 'ㄱ'은 모음과 모음 사이에 오기 때문에 'ク'가 아닌 'グ'가 되지만 실제 발음은 '~의 국'이 의식되는 [부거꾹]이므로 'クック'로 적는다.

(7) 불고기
ブルコギ → プルゴギ

'ㄱ, ㄷ, ㅂ, ㅈ'이 모음과 모음 사이 또는 'ㄴ, ㄹ, ㅁ, ㅇ'과 모음 사이에서 울림소리로 소리 날 때에는 각각 'ガ, ダ, バ'행 및 'ジ'로 적고, 그 밖에는 'カ, タ, パ'행 및 'チ'로 적는다.

따라서 고의 'ㄱ'은 'ㄹ'과 'ㅗ'의 모음 사이에 오기 때문에 'コ'가 아닌 'ゴ'로 표기해야 한다. 또한 기의 'ㄱ'은 'ㅗ'와 'ㅣ'의 모음과 모음 사이에서 소리 나기 때문에 'キ'가 아닌 'ギ'로 표기해야 한다.

(8) 빈대떡
ジジミ → チヂミ, ピンデトック

빈대떡을 일본에서는 우리의 방언인, 지지미라고도 하는데 이를 ジジミ로 표기했는데, 어두에 오는 '지'는 모음과 모음 사이에 오거나 모음과 울림 사이에 오는 것이 아니므로 'チ'로 표기하되 발음은 '지'로 해야 한다. 어중의 '지'는 같은 음의 연음표기로 'ヂ'를 써서 표기하고 있다. 빈대떡의 발음 표기는 ピンデトック이다.

(9) 떡볶이
トッボキ → トッポキ

반침소리가 모음과 결합되어 [떡보끼]로 발음되므로, 어말이 'イ'가 아닌 'キ'가 되는 것은 맞다. 하지만 반침의 경우 국어의 가나표기법에 따라 아래의 [표2]의 (붙임2)와 같이 표기해야 한다. 따라서 [떡보끼]에서 'ㄱ'반침이므로 'ㄱ'의 대표음 '촉음ッ'로 표기해야 한다.

또한 [떡보끼]의 보에서 'ㅂ'은 모음과 모음 사이 또는 모음과 울림소리 사이가 아니므로 'ボ'가 아닌 'ポ'로 표기해야 한다.

[표2] 받침

받침	ㄱ, ㅋ, ㄲ, ㄳ ㄺ	ㄼ, ㄿ, ㅂ, ㅄ, ㅍ	ㄷ, ㅌ, ㅈ, ㅊ, ㅅ, ㅆ, ㅎ	ㅁ, ㄻ	ㄴ, ㄵ, ㄶ, ㅇ	ㄹ, ㄽ, ㄾ, ㅀ
대표음	k	p	t	m	n, ŋ	l
표기	ク	プ	ッ(促音)	ム	ン	ル

(붙임2) 'ㄱ, ㄲ, ㅋ'과 'ㅁ, ㅂ, ㅍ'받침은 다음의 경우 각각 'ッ'와 'ン'으로 적는다.

(10) 탕수육

タンスウイユク → タンスユク

'수육'을 'スウイユク'로 표기했는데 수를 장음표기 하지 않아야 하고, 'イユ'라는 기발한 문자를 만들어 냈지만 'ユ'를 써야 한다.

(11) 된장찌개

ヂンジャンチゲ → トェンジャンチゲ, テンジャンチゲ

된장찌개를 소리 나는 대로 쓸 경우 아래의 표에 따라야 한다. 된장의 되는 'ドェ'로 발음되지만, 'ㄷ'이 모음과 모음 사이 또는 모음과 울림소리 사이에 있지 않기 때문에 'トェ'로 표기해야 한다. 그러나 トェ는 일본어 음운체계에서 익숙하지 않은 음이므로 여기서는 テ로 쓸 것을 제안한다.

[표 3] 자음+모음

자음 \ 모음	ㅟ,ㅢ	ㅘ	ㅝ	ㅙ,ㅞ,ㅚ
ㄱ, ㅋ, ㄲ	クィ(グィ)	クワ(グワ)	クォ(グォ)	クェ(グェ)
ㄷ, ㅌ, ㄸ	トゥイ(ドゥイ)	トワ(ドワ)	トゥオ(ドゥオ)	トェ(ドェ)
ㅂ, ㅍ, ㅃ	プィ(ブィ)	プワ(ブワ)	プォ(ブォ)	プェ(ブェ)
ㅈ, ㅊ, ㅉ	チュイ(ジュイ)	チュワ(ジュワ)	チュオ(ジュオ)	チュェ(ジュェ)

(12) 칼국수

カルウツワス → カルグッス

칼국수를 カルウツワス로 표기했는데 이는 비슷한 가나모양 때문에 착각한 것 같다. 'ウ'와 'ワ'와 'ク'의 자음을 혼동해서 표기한 것 같다.

따라서 올바른 표기는 국의 'ㄱ'이 모음과 울림소리 사이에 있으므로 'グ'가 되어야

하고 국의 받침 'ㄱ'은 위의 [표2]받침 붙이는 원칙에 따라 'ㄱ'의 대표음 'ッ'로 표기해야 한다.

(13) 내장탕

ネヤンタン → ネジャンタン

자료에서 내장탕을 로마자로는 맞게 표기했는데 가나로 내양탕으로 표기한 것은 틀린 표기이다.

장의 'ㅈ'은 모음과 모음 사이에 있으므로 'ジャ'로 표기해야 한다.

(14) 생오겹살

セソグオギョブサル → センオギョプサル

생오겹살의 생은 받침으로 'ン'만 써야 하기 때문에 'グ'를 빼야 올바른 표기이다. 또한 겹의 받침 'ㅂ'은 'ㅂ'받침의 대표음 'プ'로 표기해야 한다.

(15) 차돌박이

チアドルバックガ → チャドルバギ

차돌박이의 '차'는 국어의 가나표기법에 따라 'チア'가 아닌 'チャ'로 써야 한다. 또한 차돌박이는 [차돌바기]로 발음되기 때문에 소리 나는 대로 써야 한다. 이때 바의 'ㅂ'은 'ㄹ'과 'ㅏ', 즉 울림소리와 모음 사이에 있으므로 'バ'로 표기해야 한다.

(16) 굴파전

グルパゾン → クルパジョン

굴파전을 소리 나는 대로 쓸 경우 굴의 'ㄱ'은 모음과 모음 사이, 모음과 울림소리 사이에 있지 않기 때문에 'ク'로 써야 한다. 또한 전의 'ㅈ'은 모음과 모음 사이에 있으므로 'ジョ'로 표기해야 하며, 'ㄴ'받침은 'ソ'가 아닌 'ン'가 되어야 한다.

(17) 쟁반모밀

ザンバン → チェンバンモミル

쟁반의 'ㅈ'은 모음과 모음, 모음과 울림소리 사이에 있지 않기 때문에 'チ'로 써야 하며 'ㅐ'모음을 붙여서 'チェ'로 써야 한다.

(18) 수정과

スジョングァ → スジョングヮ

'과'의 'ㄱ'은 울림소리와 모음 사이에 있지 때문에 'グ'로 써야 하고 '과'모음은 'ァ'가 아닌 'ヮ'로 표기해야 한다.

(19)해물파전

ヘムバショソ → ヘムルパジョン

'물'의 'ㄹ'받침이 빠졌으므로 'ル'를 써야 하고 전의 'ス'은 모음과 모음 사이에 있으므로 'ジ'로 표기해야 한다.

(20)회냉면

회냉면의 '회'는 아래의 [표4]에 따라 'へ'가 아닌 'フェ'로 써야 한다.

[표 4]

자음 ＼ 6음	ㅠ	ㅒ, ㅖ	ㄱㅣ, ㅢ	ㅘ	ㅓ	ㅙ, ㅔ, ㅚ
ㅅ, ㅆ	シュ	シェ	スィ	スワ	スォ	スェ
ㅎ	ヒュ	ヒェ	フィ	フワ	フォ	フェ

VI

결 론

세계화의 진전과 함께, 각 국가 사이의 인적·물적 교류가 증대되기 시작하면서 문화의 교류도 활발해지고 있다. 서로 영향을 주고받으면서 문화를 공유하고 새로운 문화를 형성해 나가는 것이 세계화의 문화적 특성이라 할 수 있다. 한국은 2004년 이후로 일본 문화가 전면적으로 개방되어, 문화 소비자의 선택은 넓어졌고 대중문화시장도 확대되고 있다. 일본에서도 「한류」를 비롯한 한국의 문화가 새롭게 인식되고, 그 소비 영역이 다양화되고 있다. 드라마에 등장한 한국의 음식이 각광을 받으면서, 본고장의 맛을 즐기려는 음식체험관광의 형태가 보이기도 한다.

2006년 한국을 찾은 일본인 방한객 수는 약 244만 명으로 조사되고 있다. 최근 한일 두 나라의 단계적이고 폭넓은 문화교류는 상대국의 언어에도 그 영향을 주고 있다. 일본의 공항은 물론, 지하철이나 역사 등의 안내판에 한글표기가 많아진 것도 그 한 예로 들 수 있다.

우리나라에서도 일본인 관광객을 대상으로 관광 유적지의 안내문 이외에도 명동, 이태원, 인사동 등을 비롯한 일반상점, 음식점에서 일본어 안내표기를 많이 하고 있다. 그러나 행정기관에서 관리하는 관광유적지와 달리, 일반상인들이 상업을 목적으로 최소한의 의사소통을 위해 만든 것인 만큼, 대부분의 장소에서 잘못된 표기를 사용하고 있는 실정이다. 어느 나라 언어든지, 자국어를 다른 외국어로 표기한다는 것은 매우 어려운 일임에 틀림없다. 하지만 다른 나라의 언어를 사용한다는 것은, 곧 그 나라의 문화와 접촉하고 있는 것이다. 관광객들에 의한 경제적인 수익 면과 더불어, 문화의 접촉은 상대국에 대한 관심을 증폭시키기도 하고, 우리 문화의 전파수단이기도 하다. 따라서 상대국의 언어를 사용함에 있어서는 문화의 이해를 바탕으로 하여, 정확한 언어를 사용하여야 한다는 사실은 아무리 강조하여도 지나침이 없을 것이다.

본서는 그러한 관점에서 현재 서울 지역을 중심으로 일본어 표기의 실태조사를 하였고, 자세한 내용은 상술한 바와 같다. 한국어와 일본어의 음운체계가 상이하다는 점에서 양국어의 발음을 표기하는 것이 어느 정도의 곤란점이 있으리라는 예상은 되지만, 발음에 대한 인식 이외에도 기초적인 문자, 표기레벨의 오류가 많이 있다는 실태를 확인할 수 있었다.

문제점으로 도출된 내용을 정리한다면, 우선 양적인 부분에서는 일본인의 의식조사에서 나타난 바와 같이 아직 미흡한 상태이며, 특히 지하철이나 버스, 역과 같은 교통기관의 일본어 표기 문제가 지적되었다. 질적인 부분에서는 표기의 통일성이 없다는 것과 일본어 문자 표기법에 관한 지식의 부족을 꼽을 수 있다.

또한 최근 일본에서 쓰이는 한국의 음식명 표기에 대해서 인터넷 사이트를 이용하여 검색한 결과, 가장 주목할 만한 사실은 문자 레벨의 오류는 없었지만 역시 다양한 표기가 사용되고 있다는 점이다. 하루빨리 통일된 표기가 정착되도록 하는 것이 시급하다고 하겠다.

문제점은 다음과 같이 요약할 수 있겠다.

1. 표기의 통일성이 없다.

한국어 발음만을 가나로 표기해 놓은 경우는, 음식의 내용을 파악하기 어렵고, 설명어만 표기해 놓은 경우는, 음식명을 전달하는 데 불편할 수 있다. 또한, 발음표기가 상점마다 제각각이어서 혼란을 초래할 수 있다.

2. 잘못된 오용표기가 대부분이다.

일본인을 위한 표기임에도 불구하고, 의미전달이 제대로 되지 않는 심각한 오용표기가 매우 많으나, 수정에 대한 관심도 부족하다.

3. 일본어 전문가에 의한 자문이나 확인할 수 있는 시스템의 구축이 전혀 되어 있지 않다.

4. 일본어 간판, 메뉴판 등의 제작기술이 확보되지 못하였다.

5. 정부관계기관의 행정적인 대책이 마련되어 있지 않다.

이러한 문제점에서 많은 오류가 발생하고 있으나, 근본적인 문제는 행정당국의 무관심이 원인이라 할 수 있다.

관광공사에서 방한(訪韓) 외래객 대상으로 조사한 외래 관광객 불편사항에서 '안내표지판'을 꼽은 비율이 2003년 23.5%, 2004년도에는 33%였으며, 2005년도 31.4%로, 2003년에 비해 증가한 것으로 조사되고 있음에도, 그에 대한 개선책이 미비한 것이다.

외국의 관광 선진국에 비교하면, 안내책자를 제공받을 수 있는 관광안내소가 턱없이 부족하거나, 같은 지역에 관광안내소가 몰려 있는가 하면, 어떤 곳은 일반인 봉사에만 의존하여 전문성을 갖추지 못한 곳도 있다. 이러한 문제 등에 논의가 제기되면서, 뒤늦게나마 지난 2006년 한국관광공사에서 '외국어 관광 안내 표기 용례집 2006'이 발간되었다. 이 용례집에는 관광용어와 음식메뉴의 외국어 표기의 기준을 제시하고 있다. 하지만 이 용례집만으로는 모든 문제가 해결되지는 않을 것이다. 중앙정부나 지자체, 관련기관에서 적극적인 행정개선과 투자를 하여, 외국인을 위한 표기뿐만 아니라, 표기를 통

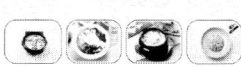

해 우리 문화에 대한 소개도 활발히 이루어질 수 있도록 해야 한다.

지난 2005년은 '한일 공동방문의 해'였다. 외국인의 한국 관광에 대해서는 이같이 의식하면서도, 외국인을 맞이하는 구체적인 준비는 미흡하다고 할 수 있다. 그중에서도 외국어 관광안내 표준화는 정확한 적용과 보편적 활용이 중요함에도 불구하고, 관련 기관에서의 적극적이고 지속적인 대응이 부족하다.

중요 관광 시설의 영어 안내표기는 관심이 높아져서 꾸준히 고쳐지고 있다고 하나, 중국어나 일본어에 관한 인식은 아직도 매우 미흡하다고 여겨진다. 외국인 관광 안내소에 가 보면, 최소한의 안내서만을 비치해 놓은 실정이다. 그러나 한류의 영향 등으로, 관광객의 욕구는 더욱더 세분화되어 가고 있으므로, 이러한 욕구에 부응하는 세심한 배려가 있어야 할 것이다. 예를 들면, 전통문화나 예술 분야의 안내서라든가 한국의 향토음식만을 소개한다든가, 미용·패션만을 전문적으로 안내하는 책자 등의 구비가 필요하다.

위와 같은 근본적인 원인뿐만 아니라, 일반인들의 외국어 표기에 관한 인식이 매우 낮은 데서 기인하는 문제도 지적하지 않을 수 없다. 음식업에 종사하는 개인 사업가들의 일본어에 대한 안이한 태도와, 간판 제조업자의 기술 부족·인식 부족이 접점을 이루어서, 더욱 큰 오류의 확대 현상을 보이고 있다.

이와 같은 실태를 확인하고, 국어의 잘못된 일본어 표기의 해결방안을 제시하고자 한다.

우선, 외국어 안내 표기 용례집과 같은 다양한 안내서들이 공식적으로 발행되어야 한다. 인터넷을 활용하는 방법도 홍보를 하여, 누구나 쉽게 정보를 이용할 수 있도록 해야 한다.

또한 영세업체에서 외국어간판 등을 제작, 교체하고자 할 때는 비용의 일정부분을 지원해 주어서 아름답고 친절한 간판이 될 수 있도록 하는 시스템이 필요하다.

그리고 일선에서 직접 간판·메뉴판 등을 제작하는 광고업체에는 통일된 표기의 기준안을 제공하여야 한다. 제공할 뿐만 아니라, 올바르게 사용할 수 있도록 하는 교육도 제공이 되어야, 그 효과를 기대할 수 있다. 관련 기관에서는 이러한 업소를 대상으로 하여 적극적인 교육정책을 펼쳐, 하루빨리 인식이 개선되도록 노력해야 한다.

우리나라는 현재 한류를 주도하고 있는 나라로서, 문화 선진국이라는 자부심에 걸맞도록, 외국인에 대한 배려가 필요하다. 그러기 위해서는 우리나라를 방문하는 외국인들을 위한 외국어표기는 가장 기본적인 문제인 것이다.

한국어의 일본어 표기는 정부뿐만 아니라, 우리 국민 모두가 관심을 가져야 할 문제임에도 불구하고, 그에 관한 인식이 부족하였다. 외국인이 한국에 와서 가장 먼저 접하게 되는 광경은 거리에서 보이는 무수한 간판들일 것이다. 그리고 음식 메뉴일 것이다. 이러한 간판이나 메뉴판 등에서조차 부정확하고 무질서한 표기를 보게 된다면, 한국과

VI
결
론
*
129

한국인에 대한 신뢰성, 성실성에 부정적인 이미지를 심어줄 것이다.

　외국인에게 진정한 의미의 편의성을 제공하고, 한국인의 따뜻한 친절을 시각적으로 확인할 수 있도록, 관련 기관은 끊임없는 정책 개선을 통해 이러한 문제점들을 재정비하고 보완하는 데 힘써야 할 것이며, 학자·시민 모두가 올바른 외국어 표기를 위해 관심을 갖고, 인식의 변화를 이루어야 할 것이다.

　마지막으로, 본서가 그러한 인식의 변화를 이루는 작은 초석이 되기를 바라마지 않으며 다음과 같은 표기시안을 제시하고자 한다. 시안작성의 기준은 다음과 같다. 먼저, 관련 업계 종사자와의 원활한 의사소통 및 일본인의 이해를 돕기 위해, 우리말 음식명에 대하여 1. 가나에 의한 발음 표기와 2. 음식내용을 설명하는 표기, 두 가지를 병기한다.

1. 발음표기의 기준

① 음식명 각각의 발음대로 표기한다.

　　예 「국」 국밥－クッパブ, 북어국－プゴクック,

　　　　칼국수－カルグッス

② 가나 표기는 일본어 음운 체계 안에서 일본어의 외래어 표기법에 따른다.

③ 초성의 표기는 될 수 있는 대로 청음 및 반탁음을 사용한다.

　　예 대구탕－テグタン

2. 설명표기의 기준

① 우리말이 일본의 외래어로 정착된 경우는 그것을 표기한다.

　　예 ビビンバ, カルビ, キムチ 등

② 일본의 인터넷 사이트 검색결과를 참고로 한다.

③ 일본의 음식명이 같은 경우는 그것을 표기한다.

　　예 김치볶음밥－キムチチャーハン

④ 재료, 요리방법, 요리형태의 순서로 표기한다.

　　예 감자탕－ジャガイモと豚肉の煮込み鍋

⑤ 음식의 종류에 따라 다음의 용례를 사용한다.

　　국－スープ, 鍋, 汁

　　찌개－鍋

　　전골－寄せ鍋

　　탕－スープ, 鍋

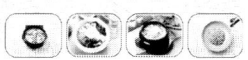

표12. 〈음식명의 발음 표기 및 설명어 표기시안〉[21]

음식메뉴명	발음 표기	설명어 표기
갈비	カルビ	牛カルビ*
갈비찜	カルビチム	牛カルビの蒸し煮
갈비탕	カルビタン	牛カルビのスープ
감자전	カムジャジョン	じゃがいものチヂミ*
감자탕	カムジャタン	ジャガイモと豚肉の煮込み鍋
게장백반	ケジャンベッパン	カニの醤油漬け定食
곰탕	コムタン	牛骨スープ(コムタン)*
곱창전골	コプチャンジョンゴル	牛モツの辛味寄せ鍋
구절판	クゾルパン	九折坂(宮廷料理)
국밥	クッパプ	クッパ*
국수전골	クッスジョンゴル	手打ち麺入り寄せ鍋
궁중전골	クンジュンジョンゴル	宮廷式寄せ鍋
김밥	キムパプ	のり巻き
김치	キムチ	キムチ*
김치볶음밥	キムチボックンパプ	キムチチャーハン*
김치전	キムチジョン	キムチのチヂミ*
김치전골	キムチジョンゴル	キムチ寄せ鍋*
김치찌개	キムチチゲ	キムチチゲ*
깍두기	カクテキ	カクテキ*
꼬리곰탕	コリゴムタン	牛テールスープ
꽃게탕	コッケタン	ワタリガニ鍋
낙지전골	ナクチジョンゴル	テナガダコの寄せ鍋
낙지볶음	ナクチボックム	テナガダコの辛味炒め
냉면	ネンミョン	冷麺*
닭갈비	タッカルビ	鶏肉の辛味鉄板焼き
닭도리탕	タットリタン	鶏の辛味煮込み
닭찜	タッチム	鶏の蒸し煮
대구탕	テグタン	たら鍋
대추차	テチュチャ	ナツメ茶
도가니탕	トガニタン	牛の膝蓋骨スープ
도토리묵	トトリムック	ドングリのところてん
돌솥비빔밥	トルソッピビンパプ	石焼ビビンバ*
동동주	トンドンジュ	米の濁酒

---

21) *는 일본의 외래어로 정착되었다고 볼 수 있는 표기가 포함된 것.

동태찌개	トンテチゲ	スケトウダラの辛味鍋
두부김치	トゥブキムチ	豆腐とキムチ炒め*
돼지갈비	テジカルビ	豚カルビ*
된장찌개	テンジャンチゲ	味噌鍋
떡국	トックック	韓国式雑煮
떡볶이	トッポキ	もちの辛味煮込み(トッポキ)*
떡라면	トックラミョン	もち入りラーメン
뚝배기불고기	トゥッペギブルゴギ	石焼ブルコギ*
막걸리	マッコリ	マッコリ(どぶろく)*
막국수	マックッス	辛味のそば
만둣국	マンドゥクック	餃子スープ
맥주	メクチュ	ビール
모과차	モグァチャ	木瓜茶
모듬전골	モドゥムジョンゴル	寄せ鍋
미역국	ミヨックック	ワカメスープ
버섯전골	ポソッチョンゴル	キノコの寄せ鍋
보리밥	ポリパプ	麦ご飯定食
보쌈	ポッサム	茹で豚肉の白菜包み
복매운탕	ポクメウンタン	フグの辛味鍋
볶음밥	ポックンパプ	チャーハン
부대찌개	プデチゲ	ソーセージとキムチの鍋*
북어국	プゴクック	干しスケトウダラのスープ
불갈비	プルカルビ	炭焼きカルビ*
불고기	プルゴギ	焼肉(プルコギ)*
불고기덮밥	プルゴギトッパプ	牛丼
비빔국수	ピビンクックス	辛味素麺
비빔냉면	ピビンネンミョン	辛味冷麺*
비빔밥	ピビンパ	ビビンバ(韓国風まぜご飯)*
빈대떡	ピンデトック	チヂミ*
사골탕	サゴルタン	牛骨の煮込みスープ
산채비빔밥	サンチェピビンパ	山菜ビビンパ*
삼겹살	サムギョプサル	豚バラ肉
삼계탕	サムゲタン	参鶏湯*
삼치구이	サムチグイ	サワラの焼き
생선매운탕	センソンメウンタン	魚の辛味スープ
선지국	ソンジクック	牛血の辛味スープ

설렁탕	ソルロンタン	牛の骨と内臓の煮込みスープ
소고기전골	ソゴギジョンゴル	牛肉の寄せ鍋
소금구이	ソグムグイ	塩焼き
소머리 국밥	ソモリクッパプ	牛の頭肉クッパ*
소주	ソジュ	焼酒
송이덮밥	ソンイトッパプ	松茸丼
수육	スユク	茹肉
생선찌개	センソンチゲ	魚の鍋
수정과	スジョングァ	生姜とシナモンの飲み物
순대	スンデ	豚の腸詰め
순두부백반	スンドゥブベッパン	おぼろ豆腐辛味鍋定食
순두부찌개	スンドゥブチゲ	おぼろ豆腐辛味鍋
식혜	シッケ	米の甘い飲み物
신선로	シンソンロ	神仙炉(宮廷鍋料理)
아구찜	アグチム	あんこうの辛味蒸し煮
아구탕	アグタン	アンコウの辛味鍋
알탕	アルタン	魚卵の辛味鍋
양곱창구이	ヤンゴプチャングイ	モツ焼き
오골계탕	オゴルゲタン	烏骨鶏湯
오리구이	オリグイ	鴨の焼き物
오이소박이	オイソバギ	キュウリのキムチ*
오징어덮밥	オジンオトッパプ	イカの辛味丼
오징어볶음	オジンオボックム	イカ炒め
우거지국	ウゴジクック	干し白菜のスープ
우거지 국밥	ウゴジクッパプ	干し白菜のクッパ*
육개장	ユッケジャン	牛肉の辛味スープ
유자차	ユジャチャ	柚子茶
육회	ユッケ	生牛肉の和物
인삼차	インサムチャ	人参茶
자장면	チャジャンミョン	ジャージャー麺
잣죽	チャッチュク	松の実粥
장어구이	チャンオグイ	ウナギ焼き
전복죽	チョンボクチュク	アワビ粥
제육볶음밥	チェユクボックンパプ	豚肉入りチャーハン
족발	チョクパル	豚足の蒸し物
차돌박이	チャドルバギ	牛のともばらの焼肉

청국장	チョンクッチャン	韓国式納豆汁
추어탕	チュオタン	ドジョウ汁
칼국수	カルグッス	韓国風手打ち麺
콩국수	コンクッス	冷たい豆乳麺
콩나물국	コンナムルクック	もやしスープ
콩나물비빔밥	コンナムルピビンパプ	もやしビビンバ*
탕수육	タンスユック	酢豚
파전	パジョン	ネギのチヂミ*
한정식	ハンジョンシク	韓定食
해물매운탕	ヘムルメウンタン	海鮮の辛味鍋
해물전골	ヘムルジョンゴル	海鮮鍋
해물파전	ヘムルパジョン	海鮮とネギのチヂミ*
해장국	ヘジャンクック	牛血ともやしの辛味スープ
호떡	ホットク	鉄板焼きパン
한과	ハングァ	韓国の伝統菓子
호박죽	ホバクチュク	カボチャ粥
회냉면	フェネンミョン	刺身の辛味冷麺

부
록

한·국·음·식·명·의 일·본·어·표·기

〈부록 1〉

韓国における日本語の表記についての設問調査

---

1. 1) 男(　　) 　　女(　　)
   2) 年令: ① 20代(　) ② 30代(　) ③ 40代(　) ④ 50代(　)
   3) 職業(　　　　)
   4) 滞在期間はどのぐらいですか。
      ① 1週間 以内 ② 1ヶ月 以内 ③ 6ヶ月 以内 ④ 1年 以内 ⑤ 1年 以上
   5) 訪問目的は何ですか。
      ① 観光 ② 留学 ③ ビジネス ④ その他(　　　　　　)

2. 日本語の表記は充分だと思いますか。
   ① 充分だ ② 少し足りない ③ かなり足りない

3. 充分でなかったら、どんな所で必要だと思いますか。(複数応答可能)
   ① 役所など ② 観光施設 ③ 飲食店 ④ 商店 ⑤ その他(　　　)

4. 日本語表記の実体についてどう思いますか。
   ① だいたい止しい ② 間違いが少しある ③ 間違いが多い

5. 日本語の表記の問題点は何だと思いますか。(複数応答可能)
   ① 表記の統一性がない
   ② 誤字・脱字が多い
   ③ 説明が分かりにくい
   ④ 字体がおかしい
   ⑤ その他(　　　　　　)

〈부록 2〉

일본어 간판 표기에 대한 설문조사

1. 지금 간판의 일본어 표기가 바르다고 생각하십니까?

　　① 모두 올바르다　② 틀린 곳이 몇 군데 있다　③ 많이 틀렸다　④ 모르겠다

2. 간판의 일본어 표기 시 자문을 구한 곳은?

　　① 본인　② 가족친지　③ 일본어 가능 지인　④ 일본어 전문가　⑤ 기타(　　)

3-(1) 일본어간판 및 메뉴표기 후 일본인고객들이 늘었습니까?

　　① 많이 늘었다　② 늘었다　③ 그대로다　④ 줄었다　⑤ 많이 줄었다

3-(2) 일본 및 한국 고객들에게 간판 및 메뉴의 수정 요구를 들은 적이 있다.

　　① 자주　② 가끔　③ 들은 것 같다　④ 들은 적 없다　⑤ 관심 없다

4. 일본어 학습 경험이 있으십니까?

　　① 1년 이상　② 6개월 이상　③ 1달 이상　④ 1달 이하　⑤ 인사말 정도

5. 잘못된 일본어 간판 및 메뉴를 수정할 의사가 있으십니까?

　　① 고쳐야 한다　　② 클레임이 자꾸 들어오면 고치겠다

　　③ 고치지 않겠다　④ 별 관심 없다　⑤ 기타(　　)

1. 음식관련용례

비빔밥	비빔냉면	찜	동동주
돌솥비빔밥	국밥	구이	수정과, 식혜
해물파전	낙지볶음	칼국수	북어국
전	보쌈	우동	수육
빈대떡	떡볶이	커피	탕수육
삼겹살	설렁탕	맥주	닭갈비
갈비	갈비탕	육회	인삼차
불고기	닭도리탕	두부김치	김밥
뚝배기불고기	해물탕	돈까스	제육볶음
부대찌개	감자탕	계장	스파게티
김치찌개	라면	전골	덮밥
된장찌개	만두	국수	등심
순두부찌개	아구찜	비빔국수	곰탕
냉면		죽	기타

2. 음식 이외의 용례

1. 음식관련용례

비빔밥

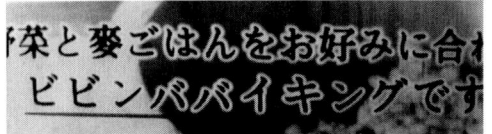

비 빔 밥
(ビビムバアブ)

된장비빔밥 味 そ チ チ

버섯불고기 비빔밥
bulgogi with mushroom bibimbab
きのこプルコギビビンパブ

boiled rice with assorted mixtures
ビビソパブ

해초비빔밥
海草のビビンパブ

비 빔 밥
(ビビム バ アブ)

拌 饭
ビビンバ

ユッケ ビビンバ

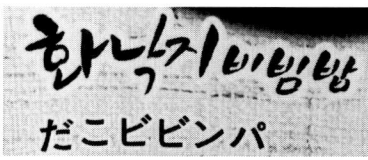
だこビビンパ

ムギョ ドンだこビビンバ

회 비빔밥
sashimi bibimbab
さしみビビンパブ

해물 비빔밥
seafood bibimbab
シーフードビビンパブ

돌솥비빔밥

돌솥비빔밥 石鍋拌飯
Rice food mixed with seasonin
石釜ビビソパ

돌솥비빔밥
石焼きビビンパ

トルソッビビンバ

돌솥비빔밥 石鍋
Rice food mixe
石釜ビビンパ

オムーライス
石鍋ビビんバ

돌솥비빔밥
石燒 ビビンバブ

돌솥비빔밥 石釜ビビンバブ

石燒ビビンバ
곱돌 비빔밥

지글돌솥비빔밥‥
od mixed with seasonings in s
石燒きビビンバブ

산채돌솥비빔밥
山菜石燒きビビンバブ

뚝배기불고기백반
トクバキのやきにく定食

石釜の混ぜこ飯
돌솥비빔밥

돌솥비빔밥
石燒きビビンパ
Rice with beef and mixed vegetable in a hot pot

명란돌솥비빔밥
Boiled rice with assorted mixtures
明卵 ビビンバ

돌솥비빔밥 石釜ビビンムパブ

돌솥비빔밥
Dolsotbibimbap
石鍋ビビンパ

石釜きビビンペリ

김치돌솥 キムチ 石釜きペツ
Boiled rice mixed with Kimchi

石燒 ピビンパブ 定食
Rice & vegetables in hot bowl

돌솥비빔밥
(石燒き ピビンパ)

石燒きビビンバ

石鍋ビビンパ

돌솥비빔밥 ‥‥
石鍋きビビンバ

ドルソッビビムバップ
石锅拌饭

해물파전

해물파전
ヘムルパジョン

해물파전
(ハアムルヂオン)

해물파전
ヘムルパジョン

해물파전(海盛ヂヂミ)

해물파전　Seafood pancake
韓國式みそチゲ

해물파전
Seafood & ...

해물파전・녹두전
海物ネギブチミ・キムチブチミ

海鮮チヂミ 해물파전

해물파전
海鮮ネギのお好み燒き
Pan-fried with seafood and scallions

해물파전
海のものお好み燒き

ヘムルパジョン
海鮮葱饼

海産物とれぎのチヂミ

부록
*
143

전

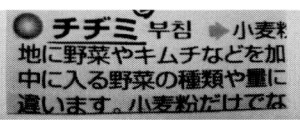

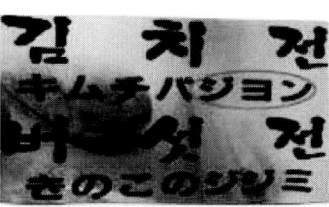

감 자 전
（カムヂア ヂオン）

파 전 チヂミ Pan Ca.

김 치 전
（キムチ チオン）

파전
バチヨン

海産物とこうのチヂミ

緑豆のチヂミ

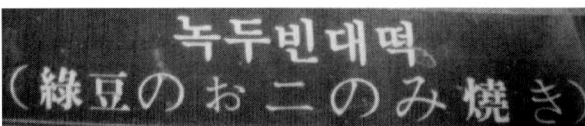

빈대떡

삼겹살

生三枚肉
생 삼 겹 살

(대통삼겹살·
竹笋豚のばら肉

생 삼 겹 살
Pork belly sliced
バラ肉(生サンギョプサル)

ノンブネセンコギチョンムン
ウワサムギョプサル ⑪
センサムギョプサル
チリサンフッデジ
バウネボッサム

~구이류~
ヤキニク類
생 오 겹 살
バラニク
생 삼 겹 살
サンマイニク
갈 비 살
アバラニク
목 살
クビニク
양 념 갈 비
アジツアガルビ

豚三段バラ토종흑돼지삼겹살

(サンキヨッサル)

三段バラ

<メニュー>
サムキョプサル

삼 겹 살 6,000
豚ぼら焼き

サムギョプサル
Pork(Sam·gyub·sal)

삼겹살 豚バラ肉

우삼겹 ₩9,000
ウサムギョブ (牛肉)

삼 겹 살
サムギョッサル

テトンサンキヨッサル

웰빙 삼겹살
セングサムギョプサル

三枚肉味付け焼き物+

イカ&サンギョプサル(豚肉)定食

오 삼 불 고 기
イカと豚バラ肉のすき焼き

갈비

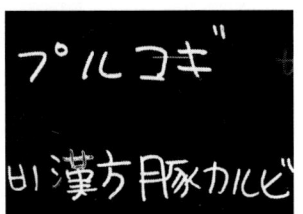
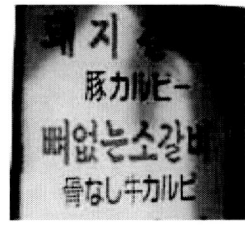

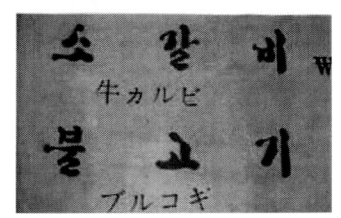

불고기

불고기덮밥정식
ブルコキどんぶり 定食

불고기 철판
Pan-Fried Beef
ブルコギ

명란돌솥비빔밥
Boiled rice with assorted mixtures
明卵 ビビンバ

바싹불고기
Roast meat
ブルコギ

ブルゴギ
プルコギ

불고기 스시
ブルコギ巻きずし

소불고기
牛 ブルゴキ

사   6,000
고 기 プルコキ 18,000
쌈보쌈   20,000
모듬전   15,000
낙지볶음   20,000

불고기 プルゴキ(韓国風焼肉)
BARBECUED BEEF 8,000

불 고 기 プルコキ 18,000

불 고 기
牛 ブルゴキ

낙지 불고기
いいだこブルゴギ

오징어 불고기
いかブルゴギ

ブルゴキ 불고기

버섯즉석불고기
Mushroom Quic
即席ブルゴキ

소불고기
牛 ブルゴキ

우 불 고 기
國 牛 プリ コギ

소 버섯 불고
ロ—ストビ—フ.

辛タコのブルゴギ

プ ルコキ

カンヤンブルゴギ
광양불고기

생불고기
プルコギ

ブルコキ 불고기   ブルコキ

ブルコギグイ
烤 肉

いいだこブルゴギ定食

뚝배기 불고기

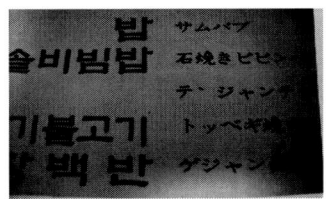

부대찌개

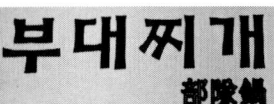

김치찌개

된장찌개

ヂンヅャンチゲ

テ・ジャンチ

된장찌개

韓國式味そチゲ

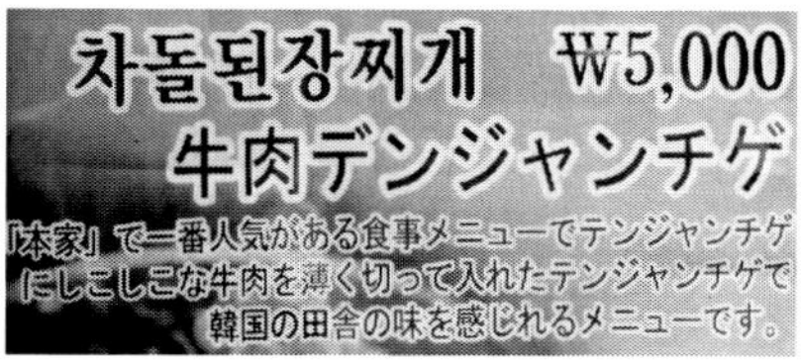

차돌된장찌개　₩5,000
牛肉デンジャンチゲ

「本家」で一番人気がある食事メニューでテンジャンチゲ
にしこしこな牛肉を薄く切って入れたテンジャンチゲで
韓国の田舎の味を感じれるメニューです。

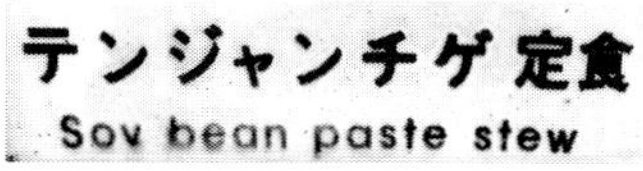

テンジャンチゲ定食
Soy bean paste stew

순두부찌개

해물순두부찌개
あぼろり物のチゲ

듬 순 두 부
絹豆腐チゲ

スンドゥブチゲ
(辛いお豆腐の鍋)

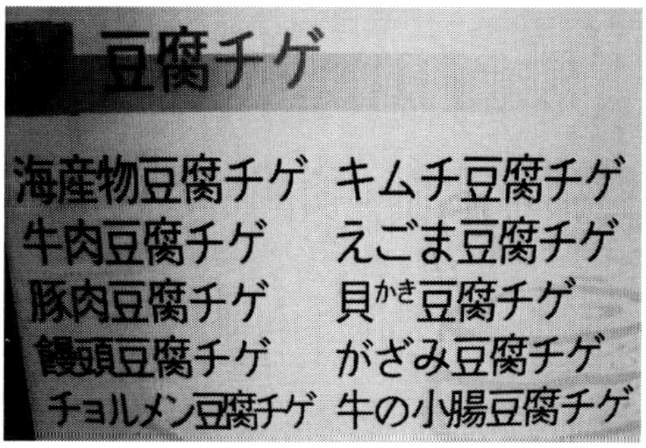

豆腐チゲ

海産物豆腐チゲ　キムチ豆腐チゲ
牛肉豆腐チゲ　えごま豆腐チゲ
豚肉豆腐チゲ　貝かき豆腐チゲ
饅頭豆腐チゲ　がざみ豆腐チゲ
チョルメン豆腐チゲ　牛の小腸豆腐チゲ

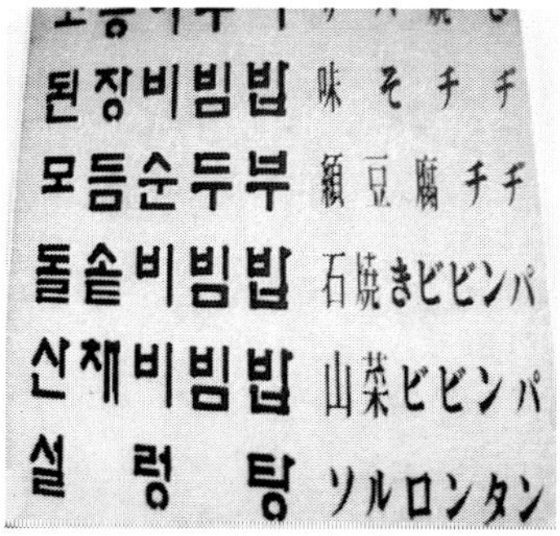

된장비빔밥　味そチヂ
모듬순두부　絹豆腐チヂ
돌솥비빔밥　石焼きビビンパ
산채비빔밥　山菜ビビンパ
설 렁 탕　ソルロンタン

맷돌순　ドルケマウル豆腐

냉면

물 냉 면（みすレーメン）
冷麺

냉면（れめ）

면冷麺（ネンミョン）
冷麺

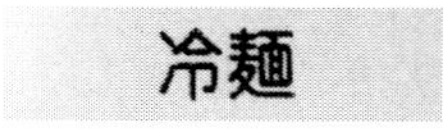

비빔냉면

비빔냉면 (からいまぜレ〜メン)

ビビン冷麺

비빔냉면
辛口冷麺

ビビンれいぬん

ビビン冷麺

비빔냉면
ビビン零面

국밥

순대국밥
スンデクツパツ

들깨콩나물국밥
green perilla and bean-sprout soup
えごま(荏胡麻)もやしクシバ

소꼬기콩나물국밥
Rice with beef and bean-sprou
韓國式牛もやしクシバ

굴국밥 5,00
カキクッパ

大根干菜クツパ

カキグツクパブ

낙지볶음

낙지볶음
タコ焼キ

Roast fresh small octopus
いいだこのいためもの

낙지볶음
テナガダコのいため

낙지볶음
(ナツチ ボクム)

보쌈

ポッサム

家ポッサム(ゆで豚とキムチ)

家ポシサム(ゆでイカとキムチ)

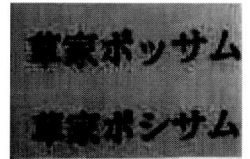

떡볶이

シンダンドン トッポッキ

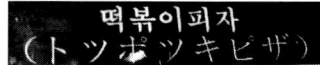

설렁탕

설 렁 탕 ソルロンタン

갈비탕

갈비탕 カルビスープ Beef Ribs Soup

갈비탕
牛のカルビの煮るスープ

닭도리탕

해물탕

감자탕

라면

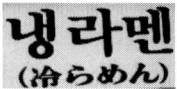

만두

カルグクス(韓国式うどん)
マンドゥ(餃子)

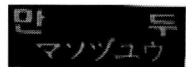

明洞餃子
ミョンドンギョザ

만　　두
マソヅュゥ

鹽味 あさりうどん　₩5000
韓國ギョザ　　　₩5000

떡 만 두 국
韓國式餃子スープ

찜

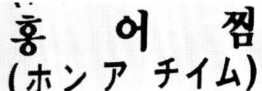

홍 어 찜
(ホンア チイム)

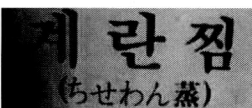

계 란 찜
(ちせわん蒸)

갈비찜
カルビの甘辛蒸し煮

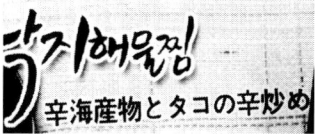

낙지해물찜
辛海産物とタコの辛炒め

매운갈낙찜
辛カルビとタコの煮こみ

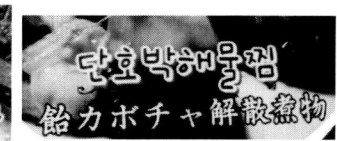

단호박해물찜
飴カボチャ解散煮物

아구찜

아 구 찜
アグチム

아
구
アンコウムシ

아구찜·탕
アグチムタング

구이

海産物焼き 　　牛のもつ焼き物 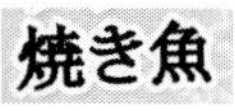　　焼き魚

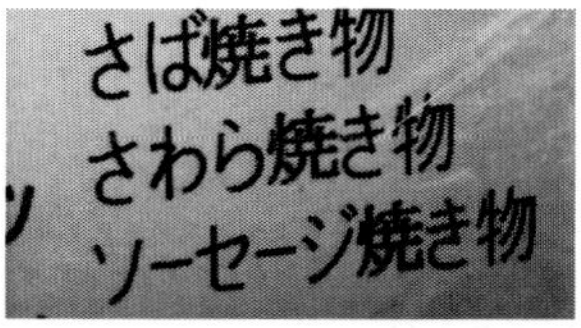

さば焼き物

さわら焼き物

ソーセージ焼き物

더덕구이
（シルニソゾノ焼き）

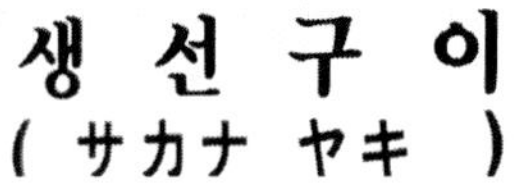

생 선 구 이
（ サカナ ヤキ ）

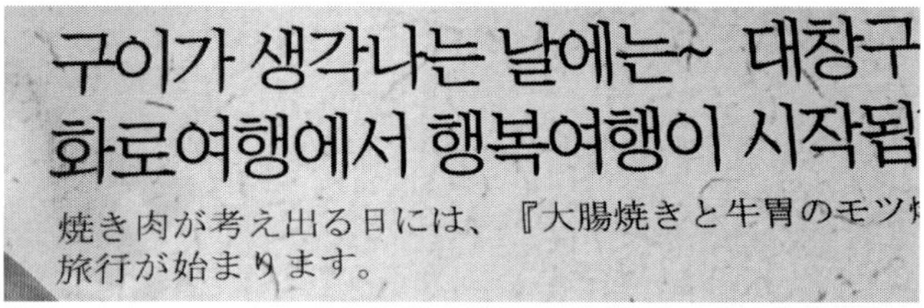

구이가 생각나는 날에는~ 대창구
화로여행에서 행복여행이 시작됩

焼き肉が考え出る日には、『大腸焼きと牛胃のモツ
旅行が始まります。

칼국수

손칼국수
手打のしやぶ

カルグクス(韓国式うどん)

칼국수
カルグクス

HAND MADE NOODLES
韓国式うとん・刀切面

우동

韓國式うどん

우　동　NOODLES

₩　4,000　うとん・乌龙面

커피

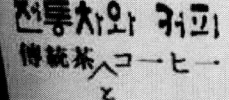    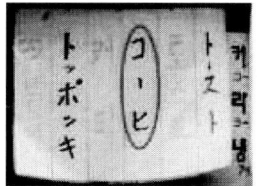

맥주

육회

두부김치

돈까스

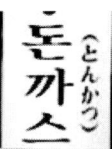

게장

전골

양송이 버섯전골　蘑菇 火鍋
Mushroom Casserole
ボソッヅョソゴル

キムチジョンゴル
泡菜火锅

곱창전골牛の小腸のすき焼きTri

두부전골
とうふすき焼キの一種
(野菜・豆腐の鍋)

부대전골
ブデのお鍋

국수

キムチマックッス（冷麺）
Kimchi Buckwheat Noodles
食欲をそそる真夏の別味。
焼肉の後でデザートにするとさっぱり〜

비빔국수

비 빔 국 수
ビビそば

꽃게탕

죽

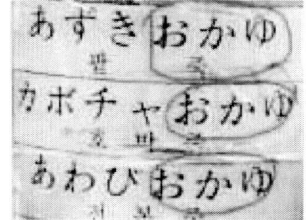

동동주

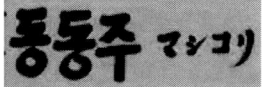
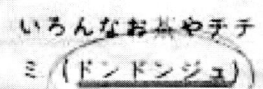

수정과, 식혜

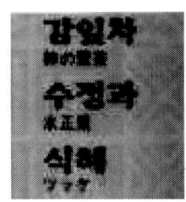
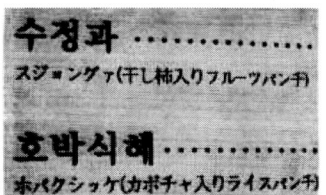
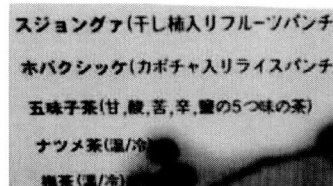

북어국

ブゴクッ

북 어 국
（ブコ オクツク）

수육

수　육 スユク Boiled

모듬 수육
スンデグック

탕수육

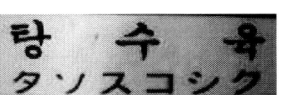
탕 수 육
タンスユク

辛スブタ

豚のみえ肉とキムチ焼き

닭갈비

てぱんのチキンともち焼き

タッカルビ込リ野菜

チーズ辛ニクトリ焼き物

ダッカルビ（春川カルビ）
Nakji Dakgalbi
ナツグジダッカルビ

차

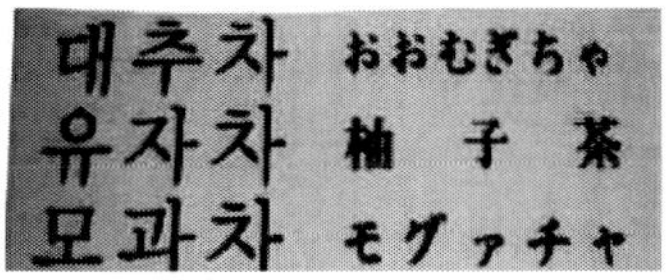

대추차	おおむぎちゃ
유자차	柚子茶
모과차	モグァチャ

| 쌍화차 | 双 和 茶 |
| 인삼차 | にんじんちゃ |

인삼차	人蔘茶	ニンジンの茶
인삼즙	人蔘汁	ニンジンのジュース
마 즙	麻汁	ジュース

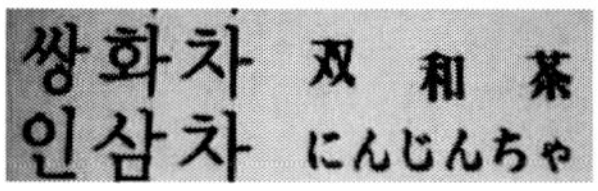

김밥

チャンスプンシク
ナウウォンキムパプ
チュンムキムパプ

・手まきずし

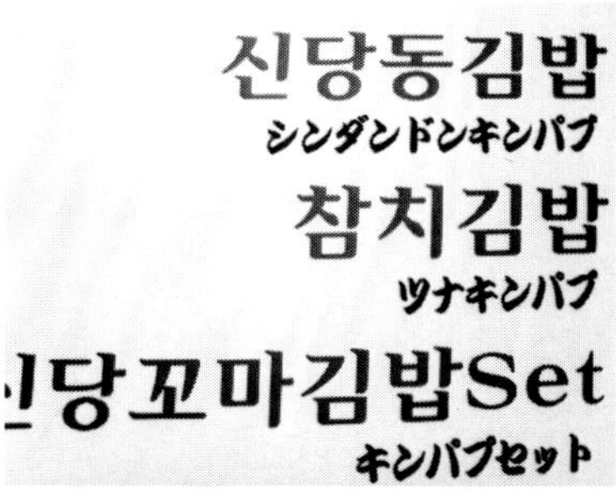

신당동김밥
シンダンドンキンパプ
참치김밥
ツナキンパプ
신당꼬마김밥Set
キンパプセット

제육볶음

제육볶음
（ブタニク　ボクム）

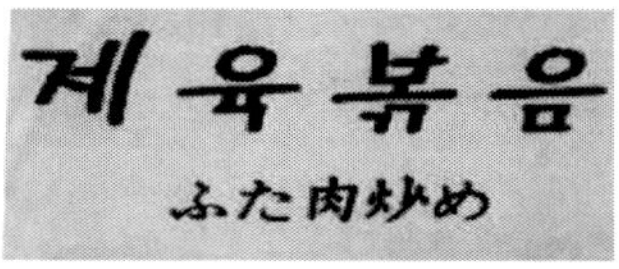

豚キムチ　제육볶음

제육볶음
ふた肉炒め

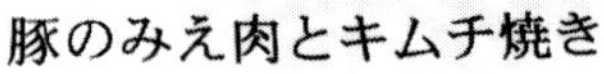

豚のみえ肉とキムチ焼き

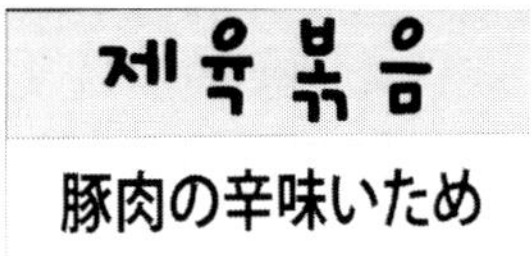

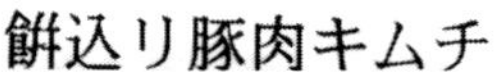

제육볶음
豚肉の辛味いため

餅込リ豚肉キムチ

스파게티

베이컨 칠리파스타 ₩6,
Bacon Chili Pasta
ベコンチリー パスタ

모짜 스파게티 ₩6,000
Mozzarella Spaghetti
モッツァレラ スパゲティ

カニ肉 パスタ

덮밥

오징어덮밥 オジンオトッパブ
(いかのピリ辛)

제육덮밥 チェユクトッパブ
(ぶた肉のピリ辛)

ヅェユクドプパブ JAE YOOK DUKBAP

등심

떡쌈꽃등심
Rib Eye rol
コットゥンシム
(花ヒレ/牛肉)

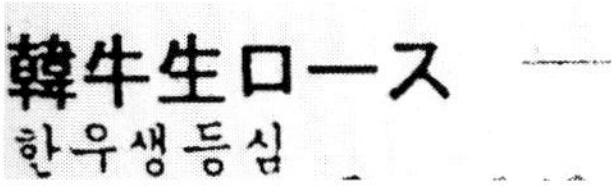

ドゥンシム
里 脊

韓牛生ロース
한우생등심

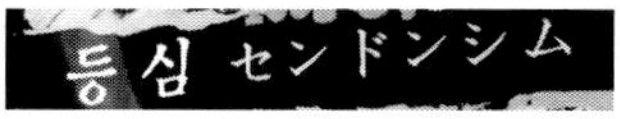

등심 センドンシム

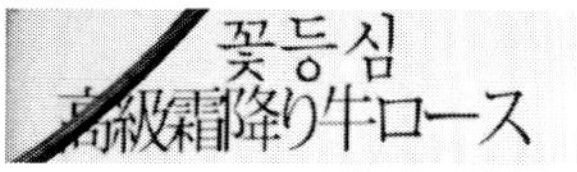

갈　　　비
생　등　심
양　구　이

카ルヒ 焼き
生ロース 焼き
ミノ 焼き

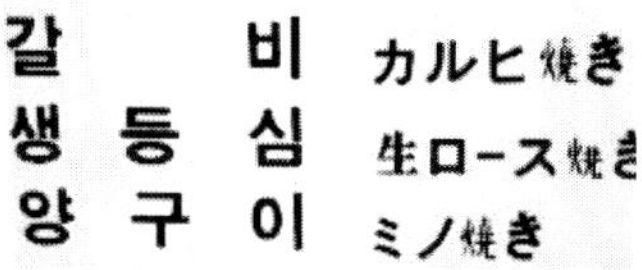

꽃등심
高級霜降り牛ロース

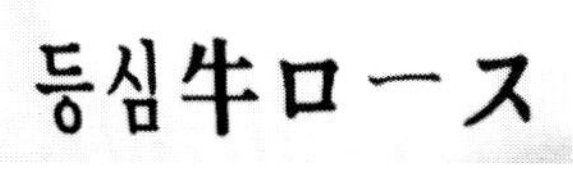

등심牛ロース

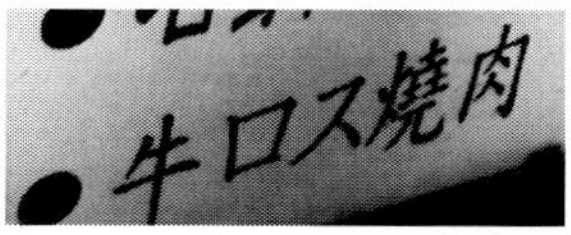

牛ロス焼肉

곰탕

牛の肉骨湯

곰탕 / にこみスープ

꼬리곰탕 ユリゴムタン

기타

믹스까스
ミックスフライ

낙곱볶음백반
ナッコプコップン

우설
牛タン

꽃게탕
コッケタン

黑豆腐キムチ煮物
イイダコすいとん
チーズメウンダック焼き物
併せ魚焼き物
併せバベキュ焼き物

ノンブネセンコギチョンムン
ウワサムギョプサル
センサムギョプサル⑩

새우크림고로케 ₩1,700
海老クリームゴロッケ

생   굴
（ サアンクル ）

골뱅이무침
（ユルベソイムチイム）

해물누룽지탕　海の幸 おこげおかゆ

김치・깍두기 포장
キムチ・カクトウギ包
(キムチ：1kg ₩8,000
カクトウギ：1kg ₩8,000)

잡 탕 찌 개
（チブ タアンチゲ）
계 란 말 이
（ タマユ マリ）

特選カルビ肉
특선갈비살
モクサル（首肉）
목등심
ハンジョンサル
항정살
ガルメギサル
갈매기살

홍 어 회
（ ホンアサシミ ）
오 징 어 초 장
（オヂンアヂョチアン）

생 굴 무 침
（サアンクル ムチイム

차돌박이
チャドルバギ

동 태 찌 개
（ トンタテチゲ ）

청 국 장
（チオンクヅクヂアン）

오 징 어 볶 음
（ オヂンアボクム ）

조 기 찌 개
（ チオキ チゲ ）

삼계탕
蔘鷄湯

쫄면
チョル麺

소주물럭
牛チュムルロッ

Coffee コーヒ
Fruit Juice フルーツ ジュース
Smoothies スムージー

チャドルバギ
차돌백이

차돌박이牛のあばら肉

스페셜 해물 버섯 샤브
pecial Seafood & Mushroom Shabu
スペシャルシーフードしゃぶしゃ

ガルメギ肉

소주물럭
牛チュムルロツ

어 (ひらめさしみ)

모듬샤브사
l Sirloin Beef, Brisket Point, Various S
しゃぶしゃぶ 盛り合わせ

복
지
리

복
매
운
탕
리

フプメウソタソ
フブチリ
フブチリ

(녹차대나무밥+쌈
緑茶と竹筒炊きご飯+

(녹차너비아니+대나무밥+쌈+영양쌈밥
緑茶のビーフ風味焼き＋竹筒炊きご飯＋野菜包み
＋野菜包みのための営養ジャン(醤)

(매운맛, 보통맛, 달콤맛, 고추장+춘장, 짜장소스 소
ースの味 (辛口, 中辛, 甘口, コチュジャン+チュンジャン, ジャジャンソースの肉

天菊
サンサーチン
梅翠純

떨떨이해장국
Hangover soup
二日酔い用のスープの総称

왕 순 대
モドゥムスンデ

야끼소바
やきそば

나가사끼 짬뽕
ながさきちゃんぽん

키킨/골뱅이
チキン / コルベンイムチム

ウォンダソピョヘジヤソグシク

바비큐 치킨라이스 ₩6,
BBQ Chicken Rice
バベキュ チキンライス

족   발
チョッパル

떡 국
トワクツワ

サンドイツチ
SANDWICH

연포탕
ヨソポタソ

라볶이 …
ラボックが

か・だこ   ケジャン

쇼유(しょゆ)라ー멘
일본라ー멘의 대명사

직접만든묵밥
手作りのムック飯 /椋粉飯

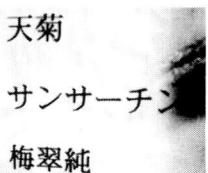

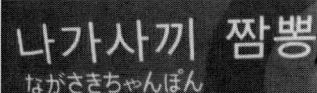

2. 음식 이외의 표현

「어서오십시오」

「마사지」

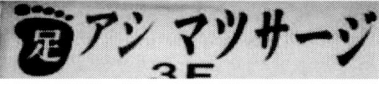

「악세사리」

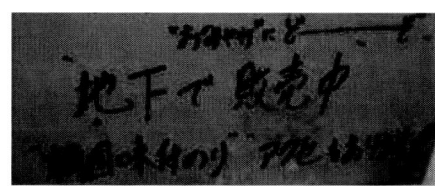

미용실 관련 표현

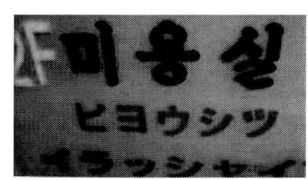

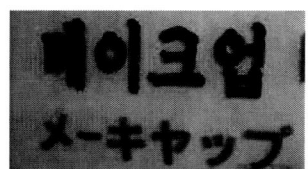

기타

様々なマスクパークの種類や
美味しい韓国の辛みそ，のり，
旅行用歯ブラシや歯磨き，
安いお菓子とお飲み物が準備されてある
大韓民国 No1. ドラッグストア
"オリブヤンーグ"
と共にしてたらどうですか

Jilkyungyee　チルギョソイ

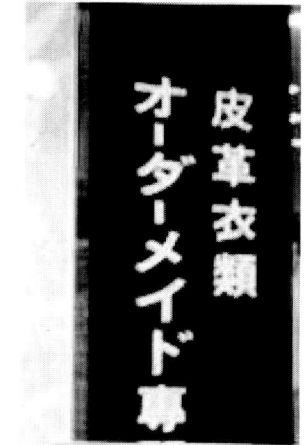

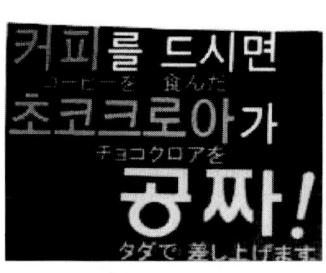

커피를 드시면
コーヒーを 食んだ
초코크로아가
チョコクロアを
공짜!
タダで 差し上げます

결혼 시험 금전 직업 이성 택일 등등
占いカクエ

작은거인(2F)
LITTLE GIANT
リトルヅァイアソツ

からおけ

かんこうきゃ
基本割引+
追加割引
つい-かわりびき

蕎御堂[ソゴダソ]
昭和26年(1593)10月壬辰の乱(文禄の役)で、
(在のソウル)に戻ってきたが、その時には全

行よりも高いレート

소문난 사조카떠

ミスジョン コルレッション
Miss Jean Collection
Miss Jean Collection

一寸ぽい
お気軽に

ながく します
(一度て 31圓月 その末)

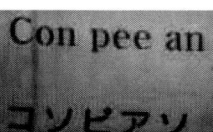
Con pee an
コソピアソ

APOLLO SHOP
アポロ ソヨブ

・BEST, 新報 TITLE SALE
・CDを 貫ったら ポスターき
 さしあげます.

フコージョソチャイニーズ レストラソ

いろいろな 食べ物十
お飲み物が あります

韓國訪問記念
韓國傳統宮中・民俗寫眞撮影
韓國訪問の記念に傳統宮中の民俗衣裳を着て
記念寫眞を撮ってみてはいかがですか

ローヤルゼリ 冬葵子   冬葵
プロポリス 冬蟲夏草 アガリクス
(蜂膠)   かいこ   ソサナ

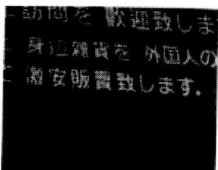  

 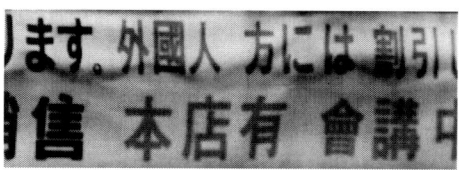

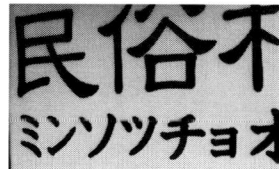 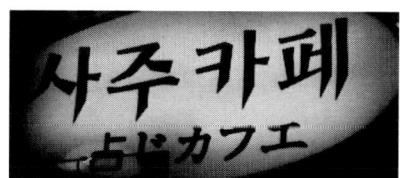

참고문헌

강길호, 김현주『커뮤니케이션과 인간』한나래 1995.

강창임「여행잡지에 나타난 한국 음식 어휘의 특징」『日本研究 제31호』한국외국어대학교
    일본연구소 2007. 3.

고수만「현행 일본어 한글 표기법의 문제점과 그 개선방향」,『일어일문학연구 제34집』일어
    일문학연구회 1999. 6.

국립국어연구원『한국어문규정집』2001.

권현주「일본어 가나표기의 변화 양상에 관한 고찰」『일본어문학 제28집』2006. 5.

김경호「한국내 관광지의 일본어안내문 번역에 관한 실태조사」,『일본학연구 제7집』2003. 3.

김숙자「일본어 외래어의 음성적 특질」『日語日文學研究』第30輯 韓國日語日文學會 1997.

대한교과서 주식회사『국어문규정집』2003.

배석주「일본어 편수자료 국어의 가나문자표기연구」『국제언어문학 제4호』2001.

배석주「일본어 편수자료 국어의 가나문자표기연구Ⅱ」『국제언어문학 제5호』2002.

삼성경제연구소「韓流 지속화를 위한 방안」2005.

서하석『文化圈間의 意思疏通』螢雪出版社 2001.

양순혜, 이원복, 윤창근,『고등학교 日本語1』천재교육 2004.

원영섭『사진으로 배우는 한글 맞춤법』세창출판사 1997.

이정숙「일본어 표기 오용에 관한 일고찰」『일어일문학제20권』대한일어일문학회 2003. 11.

장남호, 김우열, 최영숙『고등학교 日本語Ⅰ』(주)와이비엠사 2004.

정성애「일본관광 소비자 마케팅 조사」한국관광공사 2002.

정일영『한국 관광안내문의 일본어 번역 연구』동덕여자대학교 박사학위논문 2004.

편무진「일본음 한글 표기의 역사적 고찰」『일본문화학보6권』한국일본문화학회 2004.

한국관광공사『외래여행객 실태조사』2004.

한국관광공사『한류 관광마케팅의 파급효과 분석 및 향후 발전방향』2004. 12.

한국관광공사「외국어 관광안내 표기 용례집」2006.

KOTRA『동북아 한류와 문화상품시장 동향』2005. 4.

〈일본문헌〉-저자의 50음도순

石井敏, 岡部朗一, 久米昭元『異文化コミュニケーション』有斐閣選書 1987.

李泰文, 長友英子『韓国語日常単語』池田書店 2005.

岩波講座『日本語8文字』岩波書店 1977.

梅田博之「韓国語片仮名表記」『講座日本語と日本語教育９.日本語の文字・表記(下)』明治
　　　書院 1987.

小泉保『日本語の正書法』大修館書店 1978.

国立国語研究所編『国語年鑑2001年版』大日本図書 2001.

佐治圭三，真田信治，『日本語教師養成シリーズ3音声・文字・表記』東京法令出版 2004.

佐竹秀雄「表記」『講座日本語と日本語教育第1券』明治書院 1989.

鈴木順子，石田敏子『表記法』荒竹出版 1995.

下田美津子「文字・表記」『日本語学を学ぶ人のために』世界思想社 1992.

武部良明『日本語の表記』角川小辞典 角川書店 1979.

武部良明『日本語の文学表記』アルク 1987.

玉村文郎「仮名とローマ字」『国語シリーズ別冊4日本語と日本語教育ー文字・表現ー』国立
　　　国語研究所 1997.

内閣告示「外来語の表記」1991.

飛田良文，佐藤武義『現代日本語講座第6券文字・表記』明治書院 2002.

宮地裕編『講座日本語と日本語教育1日本語学要説』明治書院 1989.

〈사 전〉

『大判カタカナ語新辞典』有紀書房 1995.

『広辞苑』第五版 岩波書店 1998.

『朝鮮語大辞典上巻、下巻』角川書店 1985.

『日本語大辞典』第二版 講談社 1989.

〈인터넷〉

한국관광공사 http://www.knto.or.kr/main.jsp

한국음식문화연구소 http://www.daom21.com/KFCL/support/support9.asp

• 저자 •

박혜란 　**•약 력•**
(朴惠蘭)　수도여자 사범대학교 일본어교육과 졸업
　　　　　한국외국어대학원 재학 중 일본 문부성장학생으로 도일
　　　　　동경외국어대학원 음성학연구실 수학
　　　　　와세다 대학원 문학연구과 석사과정 졸업
　　　　　북해도 대학원 교육연구과 박사과정 수료
　　　　　한국외국어대학원 일어일문학과 박사과정 졸업

　　　　　교육부 한국어 표기 심의 위원회 역임
　　　　　한국관광공사 가이드 자격시험 고시위원 역임
　　　　　현재 세종대학교 일어일문학과 교수 재직

　　　　　•주요논저•
　　　　　「연구논문」
　　　　　「일본어 표기의 오용분석 -음식명을 중심으로-」(2007)
　　　　　「한국음식명의 일본어 표기에 대하여」(2007)
　　　　　「일본휴대전화 소설의 언어학적 특성에 관한 고찰」(2008)

　　　　　『저서』
　　　　　『스탠다드 일본어』(2002)
　　　　　『대학 일본어』(1999, 공저)
　　　　　『교양 일본어』(2007, 공저)

한국 음식명의
일본어 표기
韓国料理名の日本語表記

• 초판 인쇄	2008년 10월 25일
• 초판 발행	2008년 10월 25일
• 지 은 이	박혜란
• 펴 낸 이	채종준
• 펴 낸 곳	한국학술정보㈜
	경기도 파주시 교하읍 문발리 513-5
	파주출판문화정보산업단지
	전화 031) 908-3181(대표) · 팩스 031) 908-3189
	홈페이지 http://www.kstudy.com
	e-mail(출판사업부) publish@kstudy.com
• 등 록	제일사-115호(2000. 6. 19)
• 가 격	21,000원

ISBN 978-89-534-0437-3 93730 (Paper Book)
　　　978-89-534-0438-0 98730 (e-Book)